POLYGLOTT

ISLAND

ON TOUR

W0089717

DIE AUTORIN

DÖRTE SASSE

kann in Island beides ausleben, ihre Lust am Reisen und ihre
Faszination mit den Phänomenen der Natur. Schon als Kind
hörte sie ihre Großeltern von Geysiren und »Gammelhai«
erzählen, hatten die doch in jungen Jahren die Nordmeerinsel
besucht. Ganz klar, dass sie später selbst nachschauen musste
und bis heute Land und Leute, Küste und Hochland, sommers
wie winters gern immer wieder neu kennenlernt.

Unser E-Book-Code zur elektronischen Erweiterung des
POLYGLOTT on tour. Das kostenlose E-Book enthält die im
Reiseführer aufgeführten Adressen entlang der Touren,
beispielsweise zu Essen und Trinken, Shoppen, Aktivitäten
und Hotel-Tipps. Links auf einen externen Kartendienst
vereinfachen das Auffinden dieser Adressen.

SYMBOLE ALLGEMEIN

 Erstklassig: Besondere Tipps
der Autoren

 Seitenblick: Spannende
Anekdoten zum Reiseziel

 Top-Highlights und
Highlights der Destination

48 TOUREN & SEHENSWERTES

TOUR-SYMBOLE

❶ Die POLYGLOTT-Touren
❻ Stationen einer Tour
📕 A1 Die Koordinate verweist auf die Platzierung in der Faltkarte
📕 a1 Platzierung Rückseite Faltkarte

PREIS-SYMBOLE

	Hotel DZ	Restaurant
€	bis 14 000 ISK	bis 2100 ISK
€€	14 000 bis 22 000 ISK	2100 bis 3500 ISK
€€€	über 22 000 ISK	über 3500 ISK

ZEICHENERKLÄRUNG DER KARTEN

- (Seite=Kapitelanfang) beschriebenes Stadtviertel
- **10 E h** Sehenswürdigkeiten
- **4** Tourenvorschlag
- Autobahn
- Schnellstraße

- Hauptstraße
- sonstige Straßen
- Fußgängerzone
- Eisenbahn
- Staatsgrenze
- Landesgrenze
- Nationalparkgrenze

Westen S. 73

Hornstrandir

Ísafjarðardjúp

Bolungarvík

Drangajökull
▲ 925

Ísafjörður

61

Djúpavík

Skagafjörður

Þingeyri

Dynjandi

Bíldudalur

61

Hólmavík

Skagaströnd

Saudár-krókur

8

Blönduós

Húnaflói

Hindisvík

Patreks-fjörður
Reykjafjörður

66

Glaumbær

Varmahlíð

4 Látrabjarg

Brjánslækur

Flatey

Hvammstangi

S T A R T

7

Blanda

Breiðafjörður

Stykkishólmur

Búðardalur

820
Geldingafell
Staðarskáli

Hveravellir

Hellissandur
Ólafsvík
Grundarfjörður
S T A R T

6

Eiríksstaðir

Snæfellsjökull-Nationalpark
3 ▲ 1448
Snæfells-
jökull
Snæfellsnes

54

1

Surtshellir
1675
Eiríks-
jökull
1355

Reykholt

Langjökull

10

Kerl

5

Húsafell

Hvítárvatn

Borgarnes
1350
Þórisjökull

2

Gullfoss

Faxaflói

Þyrill
N.P.
Þingvellir

Akranes

S T A R T S T A R T S T A R T S T A R T S T A R T S T A R T

4

Mosfellsbær

1 2 3 15 18 19

Þing-
valla-
vatn

Stöng

Landman

REYKJAVÍK

Keflavík
Hafnar-
fjörður
41 Kópavogur

Hveragerði

14

1491
Hella

Njarðvík

Ölfusá
Selfoss
Eyrarbakki

Hella

Grindavík
Þorlákshöfn
Stokkseyri

Hvolsvöllur

Reykjavík und Umgebung S. 50

(nur im Winter)

Eyjafjalla-
jökull
1666 ▲
Skógafoss
Skógar

Heimaey
9
Westmänner-Inseln

Landeyjarhöfn

8

Dyrhól

N

0   50 km

Perfekte Planung › Parallel vordere Klappe aufschlagen

TOP-12-HIGHLIGHTS

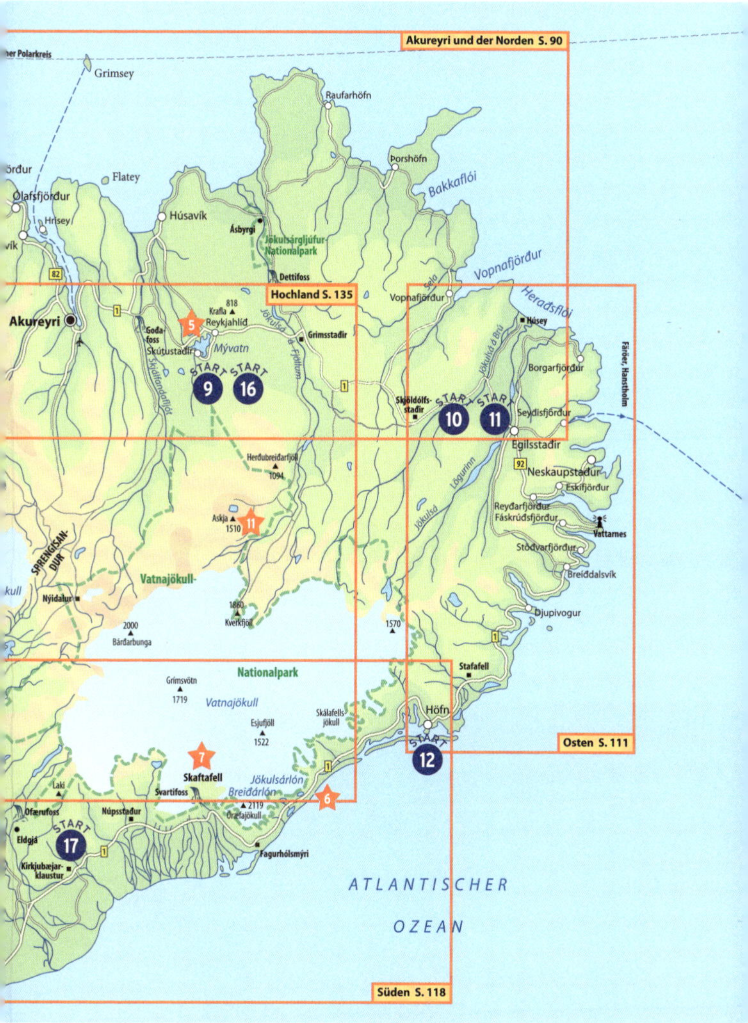

Die kleine Kirche von Narfeyri am schmalen Álftafjörður an der Nordküste der Snæfellsnes-Halbinsel

TYPISCH

ISLAND IST EINE REISE WERT!

So klein und entlegen diese Vulkaninsel auch ist, so sehr fasziniert sie:
Feuer neben Eis in der Natur, hippes Stadtleben nahe einsamer Wildnis,
Stolz auf Traditionen und auf Hightech zugleich. Und unter allem liegt ein
starkes Wir-Gefühl der Isländer.

DÖRTE SASSE

kann in Island beides ausleben, ihre Lust
am Reisen und ihre Faszination mit den
Phänomenen der Natur. Schon als Kind
war sie von Geysiren und »Gammelhai«
fasziniert und lernt bis heute sommers
wie winters Land und Leute, Küste und
Hochland immer wieder neu kennen.

Wer die Langsamkeit genießen will bei seiner Ankunft in Island, der kommt
übers Wasser. Mehrere Tage auf hoher See dauert es, auf einem Schiff voller
Menschen, die offenbar alle Island schon ewig kennen und lieben. Und
dann fällt am Horizont ein Fleck ins Auge, der sich langsam zur bergigen
Küstenlinie auswächst: Islands Osten. Schließlich tuckert die große Autofähre in einen der Fjorde hinein, während zwischen steilen grauen Klippen
und sanften grünen Hängen die Stimmung an Bord immer offener zur guten Laune wird. Die ersten bunten Holzhäuser von Seyðisfjörður tauchen
auf. Ob es gerade nieselt oder die Sonne strahlt, ist ganz egal.

Doch die allermeisten Besucher erhaschen den ersten Blick auf Island von
der Luft aus – wenn denn die Wolken nicht zu tief hängen. Der Flieger nähert sich der Südwestküste, oft sind die hingewürfelten Westmännerinseln
zu sehen, bevor er sich über einer eher eintönigen Landfläche mit ein paar
weißen Dampfschwaden auf die Landebahn senkt … Keflavík ist ein kleiner
Flughafen, noch immer irgendwie gemütlich, auch wenn die Passagierzah-
len in den letzten Jahrzehnten explodiert sind. Mitten in der Landschaft tritt
man aus dem flachen Terminal und sucht sich einen Bus in die Stadt.

»Die Stadt«, das bedeutet immer noch Reykjavík, auch wenn die knapp
halbstündige Fahrt entlang der Küste durch immer mehr Häusermeer führt:
Die kleinen und großen Orte unterwegs sind längst zur »Hauptstadtregion«
zusammengewachsen, zwei Drittel aller Isländer leben hier. Der Rest verteilt
sich auf größere Städte wie Akureyri oder Egilstaðir – oder ist dünn über die
Insel verstreut, vor allem an ihren Rändern.

Doch erstes Ziel der meisten Besucher ist Reykjavík selbst, die trubelige,
alte, junge Hauptstadt, die sich innerhalb einer Generation von einem ver-

schlafenen Städtchen zur echten Metropole entwickelt hat. Ist DAS typisch Island? Stadtkultur? Glasglänzende Hochhäuser, dicke Autostraßen, heißes Nachtleben rund um die pittoreske Altstadt? Ja, auch. Genauso wie das Landleben, zu dem auch die eingefleischtesten Städter meist noch eine starke Bindung haben. Es ist ja nie weit bis ins menschenleere Hinterland. Zum nächsten Wasserfall oder Gletscher. Viele städtische Büromenschen besitzen irgendwo auf dem Land noch ein oder zwei Schafe.

Paradoxe sind typisch im kleinen Land: In den Supermärkten gibt es traditionelle »versengte Schafsköpfe« neben dem Vanilleeis, zu Feiertagen verspeist man »vergammelten« Hai ebenso wie die Kreationen einer frischen, innovativen Sterneküche. Die berühmtesten Kirchen sind entweder aus Torf oder aus Beton und meist spektakulär. Die weltweit wohl niedrigste Verbrechensrate trifft auf die meisten erfolgreichen Krimiautoren pro Kopf. Und zugleich hat die alte Fischereination keine Berührungsängste mit Hightech oder DNA-Forschung. Das Punkmuseum und das Phallusmuseum in Reykjavík sind ebenso isländisch wie die mittelalterlichen Saga-Manuskripte. Fast alle sind Christen, viele glauben aber »vielleicht doch« an Elfen und Trolle. Und man diskutiert gerne – ein Erbe der mehr als tausendjährigen

Im Winter dient der Tjörnin-See in Reykjavík als Eislaufbahn

Demokratie. Denn Vielfalt ist akzeptiert wie in einer großen Familie. Alle duzen einander. Klassenunterschiede machen keinen Sinn. Schließlich sind die nur 340 000 Isländer fast alle miteinander verwandt, über die ersten Siedler vor rund 1000 Jahren.

Und der Touristenboom? Vor dem Eyjafjallajökull-Ausbruch 2010 waren Besuchermassen auf Island unbekannt. Jetzt wirken sie mancherorts fast schon erdrückend. Also arbeiten die Menschen daran, die Urlauber und die – teils lebensgefährliche – Natur in Einklang zu bringen. Sie laden ein zum »Isländischen Schwur«: acht nett formulierte Punkte, um die Landschaft ebenso zu erhalten wie die eigene Gesundheit. Freundliche Hinweise statt schroffer Verbote.

Diese Einstellung ist typisch Island. Wie auch die Freude der Menschen am Skurrilen. Am belustigten Augenzwinkern. Vielleicht ist das die Basis für Erfolge? Man versucht einfach mal, und vieles klappt dann auch? Auf dem weltweiten Musikmarkt etwa. Mit einem Festival oder einer Geschäftsidee. Oder beim Fußball, dem neu entdeckten Spielfeld der ansonsten leidenschaftlichen Handballnation.

Die Lust am Tun macht offenbar Dinge möglich, die man von einer so kleinen Nation nicht erwarten würde. Einem Land mit viel Eis, wie der Name schon sagt – das aber viel grüner ist als Grönland.

Nachbarschaftliches Treffen am Gletschersee Jökulsárlón

WAS STECKT DAHINTER?

Die kleinen Geheimnisse sind oftmals die spannendsten. Hier werden die Geschichten hinter den Kulissen erzählt.

WARUM RIECHT DAS WARME WASSER MANCHMAL NACH SCHWEFEL?

Manchmal umstreicht einen beim Öffnen des Heißwasserhahns ein etwas unangenehmer Geruch – in Hotels oder Gästehäusern glücklicherweise seltener. Sich darüber zu beschweren wäre nicht nur unhöflich, sondern auch sinnlos, denn das weiche, gute Wasser stammt aus den heißen Quellen, und einige liegen nun mal in Gebieten mit Solfataren. Die Qualität des Wassers ist davon unberührt hervorragend.

Ein wenig Vorsicht schadet aber in anderer Hinsicht nicht: Auch wenn das heiße Wasser oft noch heruntergekühlt wird, ist seine Temperatur immer noch recht hoch – also verbrühen Sie sich nicht!

BRAUCHEN ISLÄNDER WIRKLICH EINE ANTI-INZEST-APP?

Tatsächlich gibt es seit 2013 die Smartphone-App »Islendiga«, mit der Isländer in Sekundenschnelle ihr Verwandtschaftsverhältnis zum potenziellen Flirtpartner prüfen können. Hintergrund ist, dass alle Einheimischen von einer kleinen Gruppe Wikinger abstammen, die Island im 9. Jh. besiedelten, und somit mindestens in der 11. Generation miteinander verwandt sind. Dass viele Isländer leidenschaftliche Ahnenforscher sind, verwundert da

nicht. Schon seit Jahrzehnten, wenn nicht seit Jahrhunderten will man seine Familienzugehörigkeit kennen. Musste man dazu früher Kirchenbücher und Sagas lesen, so gibt es heute – weltweit einzigartig – eine Datenbank, die die Verwandtschaftsverhältnisse aller Isländer enthält und für Einheimische kostenlos einsehbar ist. Der »Inzest-Alarm« auf dem Handy ist da nur ein netter Gimmick. Oder sollte die angebaggerte Person vielleicht doch allzu eng verwandt sein?

WARUM IST DAS TELEFONBUCH NACH VORNAMEN GEORDNET?

Im Isländischen gibt es keine Familiennamen – die wenigen Ausnahmen bestätigen die Regel. Isländische Namen bestehen aus dem Namen und dem Vaters- oder Muttersnamen, an den die Endung -son (Sohn) oder -dóttir (Tochter) gehängt wird, etwa Jón Ólafsson oder Harpa Ólafsdóttir. Deshalb klingen isländische Namen für uns auch oft sehr ähnlich. Aber es sind keine Familiennamen – Jón Ólafssons Sohn würde z. B. Einar Jónsson heißen. Somit ist der Vorname der persönliche Name, und den sucht man dann auch im Telefonbuch. Um Verwechslungen vorzubeugen, geben viele zusätzlich ihren zweiten Namen an. Doch bei der direkten Anrede heißt es einfach Jón oder Harpa.

50 DINGE, DIE SIE ...

Hier wird entdeckt, probiert, gestaunt, Urlaubserinnerungen werden gesammelt und Fettnäpfe clever umgangen. Diese Tipps machen Lust auf mehr und lassen Sie die ganz typischen Seiten erleben. Viel Spaß dabei!

... ERLEBEN SOLLTEN

1 Ein Festival besuchen Im Sommer blüht Island auf, das ganze Land bietet Musik- und Kunstfestivals zuhauf, auch in Isafjörður oder auf den Westmänner-Inseln. Im November lockt Reykjavíks Musikfestival »Airwaves« › S. 46.

2 Schnorcheln und Tauchen zwischen den Kontinenten Hier kommt man dem Ursprung der Erde richtig nahe. Zwischen den Erdplatten tauchen Sie im Þingvallavatn › S. 65, und danach gibt es zum Aufwärmen eine heiße Schokolade.

Björk auf dem Airwaves-Festival

3 Hot Pots und Dampfbaden In heißem Quellwasser unter freiem Himmel sitzen, am besten noch im Schnee und mitten in der Natur: ein echt isländisches Erlebnis. Wenn zu viel Nass von oben kommt, geht man auch gern ins Dampfbad, etwa ins Fontana am Laugarvatn › S. 66.

4 Die Weite des Hochlands aufnehmen Irgendwo, z. B. im Sprengisandur › S. 143 aussteigen, schauen und die Stille genießen. Nichts als Steine und Lava, nichts als graue Weite. Alles um einen vergessen. Das ist Islands Traumlandschaft.

5 *Rúntur* in Reykjavík Jede Freitagnacht: Cruisen, Feiern und Trinken rund um den Laugavegur › S. 55. Ab 23 Uhr geht es los, richtig stürmisch wird es dann ab 1 Uhr. Lange Schlangen vor Bars und Diskotheken, grölende Kids, und irgendwann ist man mittendrin.

6 Hinauf auf den schönsten Berg Die Herðubreið › S. 144 gilt als Islands schönster Berg und seine Besteigung als eindrucksvolles Erlebnins, auch wenn Trittsicherheit im losen Gestein und Ausdauer gefordert sind. Der grandiose Ausblick vom Gipfel über das Hochland aber entschädigt für alles!

Der Herðubreið überragt die Hochebene Zentralislands

7 Die Wasserfälle vor dem Skó-gafoss Natürlich ist schon der große Wasserfall bei Skógar › S. 126 beeindruckend, doch wer sich die Mühe macht und den Wanderweg in Richtung Gletscher einschlägt, kann über zahllose weitere Wasserfälle in fast allen Größen staunen.

8 Auf und im Gletscher unterwegs Ob zu Fuß oder rasanter mit Skidoos übers Eis flitzen oder im Innern faszinierende Eishöhlen erforschen, ob am Vatnajökull › S. 117 oder einem seiner Brüder: Die Eisschilde laden zum Abenteuer.

9 Schafabtrieb im Herbst Beim *réttir* › S. 46 werden die den Sommer über halbwild im Hinterland lebenden Schafe im Herbst eingesammelt,

sortiert und auf die Höfe verteilt. Natürlich gehören Essen, Musik und Gesang dazu. Zu buchen über Fremdenverkehrsämter oder Reiterhöfe.

10 Wanderung über die Gletscher Von Skógar 📘 D6 geht die Zweitagestour über die Hochebene Fimmvörðuháls und zwischen den Gletschern Mýrdalsjökull und Eyjafjallajökull hindurch nach Þórsmörk 📘 D5. Ganz Schnelle schaffen es in einem Tag, aber oben im Zelt zu übernachten ist schon ein besonderes Erlebnis.

... PROBIEREN SOLLTEN

11 Isländische Torten In den Cafés gibt es die sahnigsten und größten

Tortenstücke, ideal, um eine Mahlzeit zu ersetzen. Man kann auch gleich ein Tortenbüfett genießen, eine isländische Köstlichkeit. Einer dieser süßen Träume besteht aus mehreren Schichten: Baiser, Sahnecreme und Konfitüre. Die Torte ist leicht an ihrer Höhe zu erkennen, so in Reykjavík im Rathauscafé › S. 58.

⓬ Eis und Schokoladen-Lakritz Für Süßes sind Isländer immer zu haben, vor allem für Eiscreme samt Soße und Streuseln – auch gern mitten im Winter, die Zahl der Eiscafés spricht für sich. Beliebt ist auch Lakritz in Schokohülle. Jeder Supermarkt bietet viele Varianten.

⓭ Frischer Fisch Egal wo, egal wie, Fisch in Island ist einfach toll. Fangfrisch landet er auf dem Teller und wird etwa im Strikið › S. 98 in Akureyri besonders schmackhaft

zubereitet. Alternativ: Angeln und selbst braten.

⓮ Hákarl Der fermentierte Hai ist quasi die Mutprobe für jeden Islandreisenden. Am besten genießbar ist er mit *brennivín,* dem Aquavit des Landes, und mit süßem Brot. Wie er schmeckt? Lassen Sie sich in Bjarnarhöfn › S. 84 überraschen!

⓯ Skyr In seiner Reinform gleicht dieses traditionelle Milchprodukt einem quarkähnlichen Weichkäse. In den Geschäften wird es oft in verfeinerter Variante mit Früchten angeboten. Sehr gesund und in jedem Supermarkt erhältlich.

⓰ Salat Auffällig sind die zahlreichen Gewächshäuser im Süden und Westen, z.B. im Haukadalur oder bei Hveragerði › S. 69. Das angebaute Gemüse wie Tomaten, Pap-

Hildibrandur Bjarnason zeigt in Bjarnarhöfn, wie Hákarl hergestellt wird

rika oder eben Salat kann man hier und da direkt vom Erzeuger kaufen.

17 Hot Dog *Pylsur* sind das Standard-Fastfood, das es an jeder Tankstelle und in fast jedem Kiosk gibt. Der Klassiker nennt sich *eina með öllu,* also »eine mit allem«: mit Ketchup, Senf, rohen und Röstzwiebeln sowie Gurken – und im Norden sogar mit Kraut.

18 Süßes Brot Das süße, etwas klebrige Roggenbrot *(rúgbrauð),* das in der Erde gegart wurde, ist eine Delikatesse in Kombination mit geräuchertem Fisch oder *hákarl.* Sehr gut im Vogafjós Café am Mývatn › S. 104.

19 Hangikjöt mit Flatbrauð Das ist geräuchertes Lammfleisch, das als Aufschnitt angeboten *(hangikjöt)* und auf Roggen-Fladenbrot *(flatbrauð)* gegessen wird. Beides finden Sie in jedem Supermarkt, es ist aber auch ein beliebter Nachmittagssnack in Bistros und Cafés.

20 Wasser Ein köstliches Getränk, aus der Leitung ebenso wie direkt aus dem Bach. Natürlich wird es auch in Flaschen abgefüllt und ist überall erhältlich.

… BESTAUNEN SOLLTEN

21 Errós Kunst Die überdimensionierten Gemälde des eigenwilligen Künstlers im Kunstmuseum Reykjavík › S. 56 reizen zum Lachen und Nachdenken und sind in jeder Hin-

Nordlichtbeobachtung an der Küste

sicht ein Hingucker – so detailreich, dass man jedes Mal etwas Neues in ihnen entdecken kann.

22 Polarlichter im Winter Selbst in Reykjavík kann man dieses Schauspiel manchmal erleben, aber besonders reizvoll ist es an Orten ohne Beleuchtung: außerhalb der Orte oder gleich ganz in der Wildnis, etwa im Hochlandzentrum Hrauneyjar › S. 144.

23 Skulpturenkunst und Wandgemälde Auf Schritt und Tritt findet man sie in Parks und an Hauswänden, nicht nur in Reykjavík. Eine beeindruckende Skulptur von Ásmundur Sveinsson steht in Borg bei Borgarnes › S. 79: »Sonatorrek« ist das verbildlichte Klagelied des Sagahelden Egill Skallagrímsson über den Tod seines Sohnes Bödvar.

Die Wabenfassade der Harpa in Reykjavík

24 Harpa Die Wabenfenster samt Lichtspiel verleihen diesem Bau › S. 56 etwas Einzigartiges, und im Inneren sind die Effekte noch faszinierender. Gehen Sie die Treppe hinauf und schauen Sie von der Seite: Ein riesiges Glaskunstwerk!

25 Öxarárfoss Angeblich wurde dieser Wasserfall › S. 65 im Jahr 930 künstlich angelegt, damit genügend Wasser in die Ebene von Þingvellir fließe. Somit wäre er das älteste erhaltene »Bauwerk« in Island.

26 Siglufjörður Nur wenige Orte Islands haben eine so malerische Kulisse wie dieses einstige Heringszentrum › S. 106 an der Nordküste: eine alpine Bergwelt direkt am Meer, sodass Schweizer Touristen es schon »Klein St. Moritz« nannten.

Am schönsten von der Bergstraße Nr. 76 zu sehen.

27 Basalthöhle Basaltsäulen, die wie Orgelpfeifen nebeneinander stehen, bilden die Höhle am Reynisfjara-Strand › S. 126, und das klickende Geräusch, wenn die Brandung über die schwarzen Lavakiesel zurückflutet, verstärkt noch die zauberhafte Atmosphäre.

28 Die Mitternachtssonne In den Sommernächten, wenn die Sonne kaum untergeht, liegen auch Hotspots wie die Geysire beinah einsam. Auch andernorts fasziniert das Licht, etwa in Skaftafell › S. 124, wo die Schneegipfel rötlich schimmern.

29 Fjordland Mit ihren Tafelbergen, der manchmal abenteuerlichen

Straßenführung, den tiefen Fjorden und den vor allem im Winter fast abgeschnittenen kleinen Orten sind die Westfjorde ganz anders als der Rest Islands. Besonders abwechslungsreich ist der Arnarfjörður B2.

30 Die Farben Wer sich Landmannalaugar nähert, taucht immer wieder ein in eine Art Landschaftsgemälde. Vor allem der See Frostaðavatn › S. 147 lohnt einen Stopp, mit der Komposition aus Blau-Grün-Tönen. Ähnlich surreal bunt leuchten die Rhyolithhänge von Lónsöræfi bei Höfn.

… MIT NACH HAUSE NEHMEN SOLLTEN

31 Geräucherter Lachs Frisch gefangen, angenehm geräuchert – und besonders lecker dazu eine Senfsoße. Überall erhältlich, auch noch am Flughafen.

32 Isländische Musik Die Szene ist vielfältig und lebendig, viele junge Bands folgen Björks Weg zum Welterfolg, wie Sigur Rós mit ihrem »Game-of-Thrones«-Soundtrack. U. a. bei 12 Tónar › S. 63 in Reykjavík können Sie in Ruhe in die verschiedenen CDs reinhören.

33 Bildbände Isländische Fotografen haben eine ganz besondere Sicht auf ihr Land – ihnen gelingen hervorragende Aufnahmen, die manchmal Gemälden gleichen. In der Buchhandlung Eymundsson › S. 60 werden Sie fündig.

34 Lavasand Ein kleines Glas mit Lavasand, ob schwarz oder gelb, ist ein sehr spezielles Souvenir.

35 Asche vom Eyjafjallajökull 2010 legte sie den Flugverkehr über Europa und dem Atlantik lahm, heute ist sie in vielen Souvenirshops zu kaufen.

36 Wollsachen Egal ob es der klassische Islandpullover *lopapeysa* ist, ob Strümpfe oder Handschuhe: Das Angebot ist sehr breit, vielerorts gibt es sogar handgefertigte Strickwaren. Von der Wolle bis zum fertigen Pullover reicht das Angebot der Handknitting Association of Iceland b2 (Skólavörðustígur 19, Reykjavík, www.handknit.is).

Ein kaltes Land braucht warme Pullover

37 **Eingelegte Lammkoteletts** Sie sind eingeschweißt, einfach zu transportieren, und an Ihrem nächsten Grillabend machen Sie damit Furore. Das ausgezeichnete Fleisch ist fertig gewürzt – von innen und von außen. Sie bekommen es in allen Supermärkten.

38 **Isländische Mode** Einige Modeschöpfer verbinden ungewöhnliche Schnitte mit etwas Extravaganz und verarbeiten u. a. isländische Schafswolle und Fischleder. Ein Besuch bei Spaksmannssparir › S. 60 lohnt sich.

39 **Kaffee** Sicher, Island ist kein Kaffee-Anbauland, doch es gibt eine eigene Rösterei: Kaffitar 📖 b2 in Reykjavík. Der Kaffee ist kräftig, aber nicht bitter, und mit jedem Schluck fühlt man sich in eines der vielen Cafés Islands zurückversetzt (mehrere Shops in Reykjavík, z. B. Bankastræti 8, www.kaffitar.is/en).

40 **Gletscherwasser** Wenn Sie es nicht selbst auf dem Gletscher abfüllen möchten, können Sie auch die gereinigte und sehr schmackhafte Flaschenversion »Icelandic glacial« aus dem Supermarkt wählen.

... BLEIBEN LASSEN SOLLTEN

41 **In Badekleidung duschen** Das Tolle an Islands Schwimmbädern ist u. a., dass sie nicht gechlort sind. Deshalb wird erwartet, dass jeder sich vorher gründlich reinigt. Wie, zeigen Bilder in den Duschen – auf jeden Fall aber ohne Badekleidung.

42 **Dampfbaden ohne Badekleidung** Umgekehrt gilt: In Sauna oder Dampfbad immer mit! Nackt schickt sich einfach nicht, schließlich sind es gemischte Dampfbäder. Aus mitteleuropäischer Sicht könnte man das auch prüde nennen.

Vor dem Eintauchen in die Mývatn Nature Baths bitte gründlich – und unbekleidet – duschen

43 Feilschen Auch wenn Ihnen mancher Preis recht hoch erscheinen mag: In Island wird nicht gefeilscht. Dafür gibt es regelmäßig *útsala* – Ausverkauf – mit reduzierter Ware. Und zudem spart man sich Trinkgelder, sie sind unüblich.

44 Outdoor-Regeln nicht beachten Nichts ist aufregender, als in Island mit dem Zelt unterwegs zu sein und Naturwunder ohne Absperrungen zu erleben. Doch bei aller Freiheit gilt es, Regeln einzuhalten. Dazu gehört, nichts anderes als Fotos mitzunehmen, nichts zu hinterlassen, kein Feuer zu machen und Vogelschutzgebiete zu meiden.

Große Lavabrocken besser liegen lassen

45 Steine mitnehmen Lassen Sie die Steine und Lavabrocken dort, wo Sie sie gefunden haben. Ein kleiner Kiesel ist damit nicht gemeint, das pittoreske Stück Lava aber schon. Wenn es sein muss, können Sie solche Andenken, manchmal bearbeitet, auch kaufen.

46 Steinmännchen bauen Klar, es macht Spaß, Steine aufeinander zu schichten, doch die Steinmännchen am Wegesrand dienen bis heute weniger der Zierde als der Orientierung – es sind Wegmarken. Um niemanden in die Irre zu führen, errichten Sie besser keine weiteren – und bauen schon gar nicht alte ab!

47 Brotzeit vom Frühstücksbüfett Keiner verhungert in Island, und alle Busfahrer machen Pausen, deshalb sollte man sich keine Brotzeiten vom Büfett einpacken. Leider gelten deutsche Reisende als besonders einpackfreudig. Einige Hoteliers sind schon schwer genervt.

48 Dresscodes missachten Packen Sie die entsprechende Garderobe ein, wenn Sie in einem eleganten Restaurant essen wollen – auch auf einer Wandertour. Isländer kleiden sich schick, wenn sie ausgehen; Trekkinghosen sind dort unpassend.

49 Parken in Reykjavík Natürlich können Sie parken, aber in der Innenstadt ist es fast überall kostenpflichtig, und Falschparker werden recht gern aufgeschrieben. In diesem Fall zahlen Sie besser sofort.

50 In der Hochsaison kommen Island ist inzwischen so angesagt, dass man den Sommer besser auslassen sollte. Vermeiden Sie zumindest den Goldenen Kreis › S. 64 zu dieser Zeit. Es ist wie Rüdesheim und Kölner Karneval zusammen: Tausende von Menschen.

Die Hallgrímskirkja in Reykjavík mit dem Denkmal für Leifur Eiríksson

REISEPLANUNG
& ADRESSEN

DIE REISEREGION IM ÜBERBLICK

Reykjavík, die lebendige kleine Metropole Islands ist nicht nur die Hauptstadt, sondern auch das Kultur- und Geschäftszentrum der Insel. Für die meisten Besucher steht sie am Beginn ihrer Reise.

Von der Hauptstadt aus lässt sich die Insel erobern, hier erhält man Informationen und findet Veranstalter für Touren und Tagesausflüge.

Ein klassischer Ausflug, der sogenannte **Goldene Kreis,** führt von Reykjavík in Richtung Osten zu einigen der berühmtesten landschaftlichen Attraktionen des Landes: nach Þingvellir, Wiege der isländischen Geschichte und Kultur, zum Geysir und seinem aktiven kleinen Nachbarn Strokkur sowie zum wunderschönen Wasserfall Gullfoss.

Nur wenig außerhalb des hauptstädtischen Ballungsraums zieht die faszinierende Vulkanlandschaft der südwestlich gelegenen Halbinsel **Reykjanes** mit der berühmten Blauen Lagune die Besucher in ihren Bann.

Fährt man auf der Ringstraße Nr. 1 – dem Hauptverkehrsweg der Insel – Richtung Norden, gelangt man in den abwechslungsreichen **Westen** mit der Halbinsel Snæfellsnes und den tatzenförmig ins Meer ragenden Westfjorden: eine raue Region von herber Schönheit mit steilen Felsklippen, grünen Berghängen und verlassenen Höfen. Im Westen lebte im 11. Jh. der Politiker und Autor Snorri Sturluson, einer der einflussreichsten Männer der damaligen Zeit. Das Gebiet ist Schauplatz einiger bedeutender Sagas – und hier wurde der große Seefahrer Leifur Eiríksson (970–1020) geboren.

Im Westteil des isländischen **Nordens** sind Landwirtschaft und vor allem Pferdezucht verbreitet, weiter östlich liegt die Hauptstadt des Nordens, **Akureyri.** Nicht weit entfernt lassen sich etliche historisch interessante Orte erkunden, z. T. mit spannenden Museen. Zu den Besuchermagneten dieser Region gehören der berühmte »Mückensee« Mývatn mit seiner einzigartigen Vulkanlandschaft und den dort lebenden großen Wasservogelkolonien sowie der Hafenort Húsavík, wo sich alles um Wale und die Beobachtung der großen Meeressäuger dreht.

Zum **Osten** gehören die nördliche Fjordlandschaft und der Ostteil des größten Gletschers in Europa, Vatnajökull, der mit seiner majestätischen Eiskappe die angrenzende Küsten- und Berglandschaft prägt.

Zwischen dem mächtigen Vatnajökull und Reykjavík erstreckt sich der **Süden,** eine Region, die zu Recht mit dem Schlagwort »Vielfalt« für sich wirbt. Großartige Erlebnisse für Naturliebhaber sind eine Bootsfahrt auf der Gletscherlagune Jökulsárlón oder Wanderungen im Vatnajökull-Nationalpark, der nicht nur den gesamten Gletscher, sondern u. a. auch die Landschaft der Lakagígar umfasst; im Norden gehören auch das Gebiet mit dem Bergmassiv Dyngjufjöll und Ásbyrgi dazu.

Im Anschluss durchquert man riesige schwarze Sanderflächen, durchzogen von den breiten Abflüssen der Gletscher, weiter westlich wird es immer grüner: Hier erstreckt sich ein wichtiges Landwirtschaftsgebiet Islands. Zugleich finden sich kulturhistorisch interessante Stätten wie der Bischofssitz Skálholt oder die Handlungsorte der bekannten Njáls saga. Mit der Fähre gelangt man auf die Inselgruppe Vestmannaeyar mit ihrer einzigen bewohnten Insel Heimaey. Dort sieht man noch heute die eindrucksvollen Lavamassen des 1973 ausgebrochenen Vulkans Eldfell.

Das **Hochland** zeigt sich als menschenleere Wildnis aus weiten Geröll- und Lavafeldern mit Gletschern und markanten Bergen – eine Herausforderung für geübte Allradfahrer, Mountainbiker und Wanderer. Mehrere Pisten in Nord-Süd-Richtung durchziehen die Ödnis, wie der Kjalvegur, der an dem Gebirge Kerlingarfjöll vorbeiführt. Hier sprudeln heiße Quellen in unmittelbarer Nachbarschaft zu großen Schneefeldern, umgeben von steilen Liparitbergen. Weiter östlich liegt die gewaltige Caldera Askja.

Am Dettifoss stürzen die Wassermassen des Flusses Jökulsá á Fjöllum über 40 m in die Tiefe

KLIMA & REISEZEIT

Regen, Wind und Kälte sind keineswegs die einzigen Zutaten des isländischen Wetters. Zwar sorgen die aktive Westwinddrift und das berüchtigte Islandtief häufig für wechselhaftes Wetter und mäßige Temperaturen (Sommer 15–20 °C, Winter um oder knapp unter 0 °C) …

… doch wenn es im Südwesten regnet, kann es im Nordosten zur gleichen Zeit trocken sein – und umgekehrt. In Reykjavík regnet es mit 779 mm jährlich fast ein Viertel weniger als in München (946 mm). Die höchsten Niederschlagsmengen (über 4000 mm/Jahr) treten südlich der großen Gletscher auf.

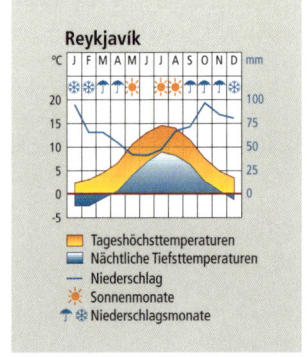

Die Ferienzeit und damit Hochsaison auf Island dauert von Mitte Juni bis Ende August. Das Wetter ist in dieser Zeit oft gut, und aufgrund der nördlichen Lage gibt es rund 20 Stunden Tageslicht. Flüge und Busse verkehren häufig, das Unterkunfts- und Freizeitangebot ist groß. Die Preise liegen um 30 % höher als sonst.

Im September wird es schon kälter, doch erlebt man eine farbenprächtige Herbstvegetation. Im Winter ist das Reisen witterungsbedingt und wegen der kurzen Helligkeitsperioden eingeschränkt, doch in Reykjavík und den größeren Orten gibt es ganzjährig touristische Angebote. Um Weihnachten sind die Preise wieder hoch und einige Einrichtungen geschlossen.

Unabhängig vom Wetter aber ist auch zu bedenken, dass die Topziele im Sommer mittlerweile sehr überlaufen sind – anders als entlegene Regionen und das Hochland. Für die Klassiktour von Geysir bis Gullfoss eignet sich heute eher der späte Frühling oder frühe Herbst.

AKTIV- ODER KULTURREISE?

Für alle, die aktiv und etwas abenteuerlich reisen wollen, ist Island geradezu ideal. Wanderer, Mountainbiker oder Geländewagenfahrer finden reichlich Raum und Wege. Wer gern wandert, kann sich Tagestouren oder mehrwöchige Treks vornehmen, je nach Erfahrung und Kondition. Reizvolle Tageswanderungen bieten sich an vielen Orten an und lassen sich gut mit Busfahrten oder Schiffsausflügen kombinieren. Beliebte Gebiete finden sich im Hochland bei Hveravellir oder Landmannalaugar und im Nordwesten. An der Ringstraße liegen z. B. Skaftafell oder Skógar, wo es markierte Wander-

Gletscherwanderer auf dem Vatnajökull

wege gibt. Daneben kann man Raftingtouren auf den Gletscherflüssen unternehmen, auf Islandpferden reiten oder mit dem Schneemobil die Gletscher erkunden. Auch die Kajakangebote werden ausgebaut.

Doch genauso reizvoll ist eine kulturgeschichtliche Reise durch das Land. Auf den Spuren von Sagagestalten erschließt sich die Landschaft sehr gut. Zahlreiche Museen zeigen, wie hart das Leben der früheren Bauern und Fischer im Land war. In den Kraftwerken, z. T. mitten in geologisch aktiven Gebieten, ist viel über die Nutzung von Geothermie und Wasserkraft zu erfahren. Und nicht zuletzt bietet Islands faszinierende Kunst- und Musikszene genug Konzerte, Museen und Künstler für einen ganzen Urlaub.

ANREISE

PER FLUGZEUG

Nur wenige Linien fliegen ganzjährig und direkt ab Berlin oder Frankfurt, vor allem Icelandair (www.icelandair.de), Lufthansa (www.lufthansa.de) und Islands Billigfluglinie WOW Air (www.wowair.de). Im Sommer gibt es zusätzliche Flughäfen und Direktflüge, etwa auch von Eurowings (www.eurowings.com/de). Ab Österreich und der Schweiz fliegt man vor allem im Sommer direkt. Im Winter werden Verbindungen mit den Skigebieten der Alpen immer beliebter. Auch interessant ist der mehrtägige Gratis-Stop-Over in Island auf dem Weg nach Nordamerika, bei Icelandair und einigen US-Airlines. Ziel aller internationalen Flüge ist der Keflavík Airport (www.kefairport.is) rund 50 km vor Reykjavík. Wer nach Ankunft in Keflavík direkt im Land weiterfliegen möchte, muss – außer im Sommer – meist zum

Inlandsflughafen der Hauptstadt wechseln. In die Stadt geht es ohne Auto mit dem Shuttlebus (www.flybus.is, www.airportexpress.is, ab 2300 ISK).

MIT DER FÄHRE

Von April–Okt. verkehrt einmal wöchentlich die Autofähre »Norröna« vom dänischen Hirtshals über die Faröer-Inseln nach Seyðisfjörður an Islands Ostküste (www.smyrilline.de). Passionierte Islandfahrer bringen so eigene Campmobile oder hochlandtaugliche Wagen mit. Preise und Fahrpläne variieren je nach Saison, die Fahrt dauert 3–4 Tage, ein Zwischenstopp auf den Faröern ist möglich. Man kann auch sein Auto ab Bremerhaven mit Eimskip im Container vorausschicken (www.eimskip.com) und selbst hinfliegen.

REISEN IM LAND

MIT DEM FLUGZEUG

Es ist ratsam, Inlandsflüge im Voraus zu reservieren. Ideal ist die Buchung über das Internet, da es je nach Auslastung Sonderangebote gibt.

Air Iceland Connect (www.airicelandconnect.com) fliegt von Reykjavík aus Akureyri, Egilsstaðir und Ísafjörður an, von Akureyri gibt es Verbindungen nach Grímsey, Þórshöfn und Vopnafjörður. Seit Februar 2017 gibt es auch einen Direktflug von Keflavík nach Akureyri.

Die kleineren Flughäfen in Island bedient Eagle Air (www.eagleair.is), mehrmals wöchentlich etwa Bíldudalur, Gjögur, Húsavík, Höfn und Heimaey. Außerdem bietet Eagle Air Charterflüge sowie Rundflüge über sehenswerte Gegenden wie den Vatnajökull-Nationalpark.

MIT DEM BUS

Statt einer Bahn verbindet ein bestens ausgebautes Busnetz die bewohnten Regionen Islands (www.publictransport.is). Im Sommer verkehren auf der Ringstraße täglich mehrere Busse, ebenso fahren dann geländegängige Exemplare bis ins Hochland. Auf Handzeichen stoppen Busse auch zwischen den offiziellen Haltestellen. Es gibt diverse Buspässe, auch für Touren rund um Island oder durchs Hochland, jeweils beim Anbieter (z.B. Reyjavík Excursions: www.re.is, Sterna: www.sternatravel.is) oder an Reykjavíks Busbahnhof BSÍ (Vatnsmýrarvegur 10, Tel. 580 54 00, www.bsi.is).

MIT DER FÄHRE

Zu den Inseln vor der Küste wie Grímsey, Hrísey und den Westmänner-Inseln verkehren regelmäßige Fähren, ab Ende September eingeschränkt, im Winter teils gar nicht. Tickets verkaufen die Fährhäfen und -linien (www.publictransport.is), im Sommer besser telefonisch oder online vorausbuchen.

MIT DEM MIETWAGEN

Während die Hauptstadt-Region gut mit Bussen und Taxen zu erkunden ist, sorgt außerhalb das Mietauto bzw. der eigene Wagen für größte Flexibilität. Besonders günstige Miettarife gibt es bei frühzeitiger Reservierung in Kombination mit dem Flug – oder vor Ort bei kleineren Firmen in Reykjavík. Viele bringen den Mietwagen auch direkt zum Hotel. Wegen der teuren Taxis oder Transferbusse nach Reykjavík empfiehlt sich meist, das Fahrzeug trotz Zusatzgebühren direkt ab und bis Flughafen Keflavík zu mieten.

Eine Zusatzpauschale gegen Steinschlag kann sich angesichts der Schotterstraßen Islands lohnen. Allrad-Mietwagen, die auch ins Hochland fahren dürfen, erfordern ein Mindestalter von 23 Jahren (sonst 20) und viel Fahrpraxis. Die Ausstattung bei Allradwagen sollte vollständig sein (Ersatzrad, Werkzeug, Kühlerdichtmittel, Abschleppkette, Fußpumpe für Reifen).

Das Fahren in Island ist meist entspannt, nur rund um Reykjavík sowie zur Hauptsaison auf der Ringstraße kann es manchmal voll werden. Viele Brücken sind einspurig, Tiere auf den Straßen haben absoluten Vorrang. Fährt man etwa ein Schaf an, zahlt man Schadenersatz an den Bauern – und seine Blechschäden selbst.

Das Tankstellennetz in Island ist ausreichend dicht, nur für Hochlandfahrten muss man Spritvorräte einplanen. Tanken ist mit Kreditkarte und PIN – oder einer Tank-Prepaid-Karte der Tankstellenketten – auch nachts möglich, auch auf dem Land stehen Zapfsäulen-Automaten.

Die Touren besser nicht zu knapp kalkulieren, meist dauert die Fahrt länger als erwartet: wegen der kurvigen Straßen, aber auch wegen häufiger Fotostopps. Im Winter sowie im Hochland können Wetterstürze zu Zwangspausen führen. Infos und Straßensperren beim Verkehrsamt (www.road.is).

Viele Pisten im Hochland können nur mit Geländewagen befahren werden

EIN OPERNSÄNGER ALS GUIDE

Snorri Wium in seinem Supertruck

Bevor der »Supertruck« mit den meterhohen Reifen den schmalen Fluss im Hochland durchquert, steigt Fahrer und Guide Snorri Wium aus. Checkt den Reifendruck und steuert dann gemütlich durch das strömende Wasser der Furt. Mit weniger Luft hingegen »kommt man besser über die Rüttelpisten«, erklärt der hagere Mittfünfziger und rollt sein Allradfahrzeug zügig weiter über die Piste im Kaldidalur – und dann immer höher auf einen Gletscher, bis nur Bergkuppen rund ums Weiß zu sehen sind. Begeisterte Passagiere, ein lächelnder Snorri.

Mit Leib und Seele ist er Guide, als hätte er nie etwas anderes getan. Dabei – Überraschung – ist Snorri eigentlich Opernsänger. Klassisch ausgebildet in Wien, hat er lange Jahre erfolgreich an österreichi-

schen und deutschen Bühnen gesungen. Bis er 2008 zurückkehrte in seine Heimat und sich einen zweiten Beruf suchen musste, trotz Islands renommierter Opernszene. »Hier ist ein kleiner Markt, da müssen wir flexibel sein«, sagt Snorri, »weil wir so wenige sind, muss jeder vielleicht mehrere Jobs annehmen, um die Gesellschaft am Laufen zu halten.«

EIN ZWEITBERUF IST VÖLLIG NORMAL

Also führt der Sänger heute Besucher auf die Gletscher und ins Hochland, individuelle Wandertouren ebenso wie Tagestrips für Kreuzfahrt-Passagiere. Doch singen kann Snorri auch immer wieder, gerade bereitet er sich auf eine kleine Opernrolle an der Harpa vor. Seine Gesangskollegen unterrichten oft im Zweitberuf. Seine Mit-Guides wiederum sind oft Handwerker, Kinderkrankenschwestern oder Lehrer – wegen des Zuverdienstes und wegen der Abwechslung.

Der Tourismus hat im letzten Jahrzehnt das Land verändert. Und doch wieder nicht. »Wir hatten 2006 erstmals genauso viele Besucher wie Einwohner im Jahr, so 350 000 – heute sind es 2,5 Millionen Gäste«, erklärt Snorri. Gut oder schlecht? »Þetta reddast!«, sagen Isländer gern, »das wird schon gehen«. Natürlich muss man verhindern, dass die Natur unter gedankenlosen Touristen leidet, dass die Einheimischen genervt sind, dass leichtsinnige Besucher umkommen beim Selfie auf Eislagunen oder in Hochlandfurten. Aber wollen denn manche zurück in die Zeit vor dem Touristenboom? »Nein, das nicht!«, bekräftigt Snorri, »alle wissen, was er uns gebracht hat. Die Besucher verteilen sich zwar nicht so gut übers Land, wie wir es gern hätten. Aber es ist gut für all die kleinen Dörfer – viele wären sonst gestorben.«

DIE ALLTAGSTHEMEN ISLANDS ÄHNELN DENEN EUROPAS

Auch hier sind Mieten stark gestiegen, auch hier gibt es Flüchtlinge aus Afghanistan, auch hier streitet man über Panama Papers und Mindestlohn. Doch vieles ändert sich schneller in einem kleinen Land. Nach der Finanzkrise 2008 war ganz Island pleite, viele Jobs gingen verloren. Die Menschen mussten sich Alternativen suchen. Dann brach der Eyjaflallajökull aus und

rückte die Insel weltweit auf die Tourismus-Landkarte.

Vielleicht ist es gerade das Leben auf heißen Vulkanzonen, das die Isländer über Jahrhunderte flexibel machte? Wo Launen der Natur das Leben urplötzlich dramatisch verändern konnte? Das kann es auch heute noch, sagen die Experten, denn viele der Vulkane sind überfällig. Und dennoch führt Snorri seine Gäste hoch in die Berge – auch auf die Hekla, deren großer Ausbruch erwartet wird. Angst hat er keine, denn Islands Vorwarnsystem gilt als gut.

Zwar würde er nicht mehr zu Fuß hinauf wandern – »aber mit dem Supertruck sind wir in 20 Minuten immer schnell weg«. Also ist der typische Isländer immer flexibel und auf dem Sprung? Ein Klischee? Snorri sagt voller Überzeugung: »Ich bin ein glücklicher Sänger, wenn ich singe, aber ich weine mich nicht in den Schlaf, wenn ich das nicht mache.« Den Beruf als Guide genießt er mindestens genauso, »in einem wunderschönen Land, mit so vielen Ecken, die ich auch noch nicht kenne ...«

SNORRIS TIPPS

- Als schönsten Aussichtspunkt empfiehlt Snorri die obere Plattform des Wasserspeichers **Perlan**, der auch ein Restaurant und ein Museum mit künstlichem Gletscher beherbergt > S. 61.
- Wenn er essen geht, trifft man ihn gelegentlich zum Fisch im urig-modernen **Slipbarinn** am Alten Hafen (Mýrargata 2, www.slippbarinn.is) oder zum Gegrillten im Lavafels-Ambiente des **Grillmarkaðurinn** (Lækjargata 2A, www.grillmarkadurinn.is).

SPORT & AKTIVITÄTEN

Island bietet Outdoor-Aktivitäten für jeden: Extremsportler wie Eiskletterer und Alpinisten finden hervorragende Berge, Golfspieler haben eine große Auswahl an Plätzen, und Radfahrer lieben die Insel.

BERGSTEIGEN & WANDERN

Islands Nationalparks bieten ein gut markiertes Wegenetz bis hin zu Kletterstrecken. Immer sollte man mit Wetterumschwüngen rechnen, also auch im warmen Sommer eine zusätzliche Wärmeschicht sowie eine regen- und windfeste oberste Lage dabei haben. Festes Schuhwerk ist nötig, denn auch auf Flachstrecken kann es über lockere Lava gehen.

Abseits markierter Wege ist die empfindliche Natur zu achten, denn es kann hier viele Jahre dauern, bis zertretene Vegetation nachwächst. Nie sollte man allein unterwegs sein, selbst bei Tagestouren, und immer Wasser und eine Notration dabei haben, ebenso Kompass bzw. GPS-Gerät und Detailkarten.

Auf Mehrtagestouren und beim Bergsteigen sind ohne Guide Erfahrung und gute Ausrüstung lebensrettend, im Gebirge selbst im Sommer Eiskrampen und -Pickel nötig.

Die beiden isländischen Wandervereine **Ferðafélag Íslands** (Tel. 568 2533, www.fi.is) und **Útivist** (Tel. 562 1000, www.utivist.is) geben nicht nur Tipps, sondern organisieren auch eigene Wanderungen:

RADFAHREN

Radreisende sollten ein stabiles 28-Zoll-Tourenrad – besser 26 Zoll – oder ein Mountainbike wählen und beachten, dass fast alle Straßentunnel für Radfahrer gesperrt sind. Beste Ausrüstung ist unerlässlich.

Wertvolle Tipps und Verleihadressen nennt **The Icelandic Mountainbike Club** (www.fjallahjolaklub burinn.is, das Straßennetz zeigt die Karte von **Cycling Iceland** (www.cyclingiceland.is).

GOLF

Golfplätze stehen Gästen gegen eine geringe Tagesgebühr offen. Etliche Plätze liegen sehr schön, einige haben kleine Klubhäuser. Da Golf in Island ein Familiensport ist, geht es auf den Plätzen zwanglos zu. Infos: www.golficeland.org.

RAFTING- & KAJAKTOUREN

Über die Stromschnellen der Gletscherflüsse zu fahren ist ein besonderes Erlebnis. Die Angebote richten sich an Familien, aber auch an echte Abenteurer. Auskünfte in den Touristeninformationen sowie bei www.arcticrafting.com.

REITEN

Weil selbst Anfänger im trabähnlichen Tölt oder dem schnelleren Pass, den beiden Spezial-Gangarten der Islandpferde, ruhig im Sattel sitzen, ist ein Reiterlebnis auch für Ungeübte garantiert. Die bekanntesten Höfe sind wohl **Elðhestar**

Auch mit dem Mountainbike kann man Islands Natur hautnah erleben

(www.eldhestar.is) im Süden und **Pólarhestar** (www.polarhestar.is) im Norden. Íshestar im Südwesten hat Kontakte und Programme im ganzen Land (www.ishestar.is). Viele Informationen und auch kleinere Höfe listet Islands Zuchtverband auf (www.horsesoficeland.is). Jeden zweiten Sommer bietet Reykjavík das weltgrößte Islandpferde-Treffen Landsmót (www.landsmot.is).

Zaumzeug und Sättel aus Leder dürfen nicht eingeführt werden, übriges Zubehör und Reitkleidung muss desinfiziert sein. Am besten auf dem jeweiligen Hof ausleihen.

SUPERJEEP

Jeepsafaris führen z. B. ins Þórsmörk-Tal, ins farbenfrohe Landmannalaugar (dorthin im Sommer auch Busse) oder auf Gletscher. An Bord sind in der Regel Gruppen mit mindestens 2 und maximal 8 Reisenden. Vielfältige Touren ab Reykjavík veranstalten die **Mountai-**

neers of Iceland (Tel. 580 9900, www.mountaineers.is).

VOGELBEOBACHTUNG

An den großen Brutklippen wie Látrabjarg › S. 86 sind zahllose Seevögel zu beobachten, rund um den Binnensee Mývatn samt Vogelmuseum die meisten Landarten › S. 100.

Vogelkundliche Wanderungen mit Deutsch sprechenden Führern veranstalten **Erlingsson Naturreisen Island** (Tel. in Deutschland 062 51/98 99 20, www.naturreisen. is) und **Arinbjörn Jóhansson Erlebnistouren** (www.abbi-island.is).

WALBEOBACHTUNG

Sehr eindrucksvoll sind Walsafaris vor Islands Küsten, teils mit Sichtungsgarantie, denn die großen Meeressäuger fühlen sich in den futterreichen Gewässern pudelwohl.

Vor der »Walhauptstadt« Húsavík › S. 100 gab es einst die ersten Touren, heute vor allen Küsten. Die

Walbeobachtung ist vielerorts möglich

Whales.is/Niels Jónsson 📕 E2
• Hauganes | Dalvík
Tel. 867 00 00 | www.whales.is
Mai–Okt. tgl.

North Sailing 📕 E2
• Hafnarstett 11 | Husavík
Tel. 464 72 72 | www.northsailing.is
März–Nov., April–Okt. mehrmals tgl.

WINTERSPORT

Islands bekannteste Skipisten liegen im Bláfjöll bei Reykjavík, am Hlíðarfjall bei Akureyri und bei Dalvík, Heimat der meisten Ski-Champions Islands. Doch auch in den West- und Ostfjorden locken Skigebiete, alle mit Flutlichtanlagen.

Beliebt sind auch Skitourengehen, Heli-Skiing und Langlaufen, etwa rund um den Mývatn.

Eislaufhallen bieten Reykjavík und Akureyri. Eiskletterer klettern landesweit. Die größten Veranstalter von Gletschertour en sind **Activity** (www.activity.is) und **Arctic Adventures** (www.adventures.is).

meisten Touristen starten ab Reykjavík und Akureyri. Während der Hochsaison gibt es meist mehrere Ausfahrten täglich, mit 2,5 bis 3,5 Stunden pro Tour.

Elding 📕 a1
• Alter Hafen/Ægisgarður 5
Reykjavík | Tel. 519 50 00
www.elding.is
Ganzjährig mehrmals tgl.

UNTERKUNFT

Unterkünfte in Island sind zahlreich und vielfältig, vom Zelt oder Hüttenlager im Hochland bis zum Luxus-Cottage oder Upperclass-Hotel in Reykjavík. Die meisten Hotels und Gästehäuser finden sich um die Hauptstadt und entlang der Ringstraße. Auch einfache Räume sind sauber und gut ausgestattet. Ganz unabhängig übernachten Besucher im Campmobil.

HOTELS & BAUERNHÖFE

Islands Hotels sind oft familiengeführt oder gehören zu fünf heimischen Ketten – international sind derzeit nur Hilton und Radisson SAS vertreten. Die großen Häuser bieten meist Businessstandard oder mehr. Die 9 Icelandair-Hotels sind oft bei Pauschalpaketen der Fluglinie enthalten (www.icehotels.is).

Keahotels mit 11 Häusern landesweit sind in Art und Preis sehr unterschiedlich (www.keahotels.is).

Die 6 Center Hotels mit Designtouch stehen alle in Reykjavík (www.centerhotels.is), während die 17 Fosshótels entlang der Ringstraße stehen, manche schlichter, nicht alle ganzjährig geöffnet (www.is landshotel.is). Nur im Sommer zu buchen sind die 9 Edda-Hotels, meist umfunktionierte Schulinternate auf dem Lande (www.hotel edda.is). Sparen lässt sich außerhalb der Hauptsaison, mit Pauschalpaketen oder beim Beschränken auf nur eine Kette, auch bei Reisen quer durchs Land.

Günstiger und oft mit Familienanschluss geht es in Gästehäusern und auf Bauernhöfen zu, vom Schlafsackplatz bis zu gehobenen Räumen, teils auch Sommerhäusern. Mehr als 170 von ihnen präsentieren sich als »Farm Holidays« (www.heyiceland.is). Beinahe alle Unterkünfte im Lande sind buchbar über das Portal von Visit Iceland (www.de.visiticeland.com) und die Tourismusämter. Private Zimmer und Wohnungen vermitteln z. B. www.airbnb.de und www.wimdu.de.

HOSTELS, HÜTTEN, CAMPING

Die preiswertesten Unterkünfte sind die 34 über das Land verteilten Jugendherbergen. Sie stehen allen offen und werden oft von Familien genutzt; im Sommer besser vorher buchen (www.hostel.is). In einigen Orten gibt es auch private Hostels.

Im Hochland lässt sich in Berghütten der isländischen Wanderver-

eine schlafen, möglichst vorab buchen, sonst im Zelt auf den 195 Zeltplätzen, die einfach bis sehr gut ausgestattet sind. Manche öffnen auch im Winter.

Mit dem Wohnmobil (von zuhause buchen, im Paket oder z. B. unter www.campervaniceland.com) darf man mittlerweile nicht mehr frei am Straßenrand nächtigen, nur noch auf ausgewiesenen Stellplätzen und Campingplätzen.

ORIGINELLE HERBERGEN

- Das **Hotel Borg** in Reykjavík ist ein 1930 erbautes Nobelhotel mit viel Flair. > S. 62
- Nirgends ist man den Wikingern näher als im **Hotel Viking** in Hafnarfjörður. > S. 70
- Das **Hotel Húsafell** fügt sich architektonisch gelungen in den Wald ein. Innen kann man Arbeiten des Künstlers Páll Guðmundsson bewundern. > S. 81
- Das **Sigló Hotel** in Siglufjörður lädt ein zum Träumen in gemütlichen Fensternischen mit Blick auf Fjord oder Hafen. > S. 107
- Gemütlich schläft man in der ehemaligen kleinen **Kirche in Stöðvarfjörður** – wer möchte, auf der Empore mit Blick auf den Altar. > S. 116
- Perfekter Ausgangspunkt für Hochlanderkundungen: Das **Hochlandzentrum** in Hrauneyjar bietet Zimmer für jeden Geldbeutel. > S. 144

Die Blaue Lagune bei Grindavík nahe dem Flughafen Keflavík

LAND & LEUTE

STECKBRIEF

- **Fläche:** 103 106 km² (inkl. Inseln), davon Weideland und kultivierte Nutzfläche 23,8 %, Ödland 64,5 %
- **Hauptstadt:** Reykjavík (128 800 Einw.)
- **Amtssprache:** Isländisch
- **Einwohner:** 348 450 (Jan. 2018)
- **Bevölkerungswachstum:** 1 %
- **Lebenserwartung:** Männer 80 Jahre, Frauen 83 Jahre
- **Nationalfeiertag:** 17. Juni (Geburtstag von Jón Sigurðsson 1811)
- **Internet-Kennung:** .is

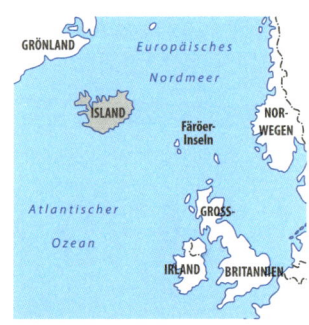

- **Landesvorwahl:** +354
- **Währung:** Isländische Krone (ISK)
- **Zeitzone:** UTC + 0 (ehemals GMT), d. h. MEZ − 1 Std., keine Sommerzeit

LAGE

Europas zweitgrößte Insel und größte Vulkaninsel der Welt liegt mitten im Nordatlantik: auf 65° nördlicher Breite und 18° westlicher Länge. Sie misst rund 500 km von West nach Ost und rund 300 km von Nord nach Süd. Die nächsten Nachbarn sind Grönland 287 km nordwestlich und die Färöer-Inseln 420 km südwestlich. Islands Lage genau auf dem Mittelatlantischen Rücken sorgt für rund 30 aktive Vulkansysteme, der nahe Polarkreis für ausgedehnte Gletscher.

POLITIK & VERWALTUNG

Island ist eine parlamentarische Republik, Staatsoberhaupt ein direkt gewählter Präsident: seit August 2016 der Historiker Guðni Thorlacius Jóhannesson. Die Regierungs-koalitionen wechselten seit der Finanzkrise 2008 mehrfach zwischen links-grün und Mitte-rechts. Zuletzt sorgte u. a. der Panama-Papers-Skandal für vorgezogene Parlamentswahlen. Premierministerin ist seit November 2017 Katrín Jakobsdóttir von der Links-Grünen-Bewegung. Ein 2009 gestelltes Beitrittsgesuch zur EU zog Island 2015 endgültig zurück.

Island ist in acht Bezirke oder Regionen und darin 22 Kreise und 20 kreisfreie Städte gegliedert. Am bedeutendsten ist dabei die Hauptstadtregion. Im Norden ist das klare Zentrum Akureyri, im dünn besiedelten Osten Egilsstaðir.

WIRTSCHAFT

Lange Jahre war die Fischindustrie der wichtigste Wirtschaftsfaktor und brachte die höchsten Einnahmen bei den Exporten. 2017 lag der Anteil der Fischprodukte nur noch bei rund 38 % des gesamten Exports, der Export von Aluminium liegt bei rund 40 %.

Dank der vorhandenen Energieressourcen – 100 % der elektrischen und 80 % der sonstigen Energie kommen aus Geothermie und Wasserkraft – können Aluminium oder Eisensilizium günstig aus australischen Rohstoffen produziert werden, vor allem in drei großen – umstrittenen – Aluminiumschmelzen. Neben der energieintensiven Industrie gilt auch die Hightechbranche als Wachstumssektor. Wichtigster Devisenbringer ist aktuell der Tourismus mit stetig steigenden Besucherzahlen, er wird allerdings mancherorts auch schon zur Belastung.

Dazu kommen Schiffsausrüstung, Wollprodukte sowie Dienstleistungen. Landschaft und Klima erlauben vor allem das Halten von Schafen, Rindern und Islandpferden – doch nur jeder Zehnte lebt noch von der Landwirtschaft. Obst und Gemüse gedeihen in dampfbeheizten Gewächshäusern.

MENSCHEN

Island ist mit 3,4 Menschen pro km² sehr dünn besiedelt – vor allem an den Küsten, das Hochland ist so gut wie leer. Dafür leben zwei Drittel aller Menschen in der Hauptstadtregion, im Großraum Reykjavík.

Bei der Gleichberechtigung der Geschlechter liegt Island international an der Spitze, die Lebenserwartung wie auch die Geburtenzahlen gehören zu den höchsten Europas. Vier von fünf Babys wachsen bei unverheirateten Eltern auf.

Von den Menschen im Land sind 91 % Isländer, rund 4 % Polen, auch Litauer, Dänen, Deutsche und Briten bilden größere Gruppen. Vor allem die Einwanderer sind katholisch, der überwiegende Teil der Isländer selbst bekennt sich evangelisch-lutherisch.

SPRACHE & SCHRIFT

Der Ursprung des Isländischen liegt im Altnordischen, das bis ins Mittelalter im gesamten skandinavischen Raum gesprochen wurde. Während sich jedoch die anderen skandinavischen Sprachen stärker veränderten, bewahrte das Isländische viele alte Strukturen, und so können Isländer mittelalterliche Texte lesen und größtenteils verstehen. Aus der Runenschrift stammt der Buchstabe Þ/þ (gesprochen wie ein hartes englisches th beispielsweise in *bath*). Weitere Sonderzeichen des Isländischen sind Ð/ð (stimmhaftes th wie in *that*) und Æ/æ (wie deutsch ei).

Um mit der Zeit zu gehen, schlägt das Institut für isländische Sprache der Universität Reykjavík regelmäßig Wortneuschöpfungen vor. Doch auch englische Ausdrücke werden immer gebräuchlicher. Für Besucher birgt die Grammatik Tücken, denn dekliniert können Adressen etwa auf »-gata«, aber auch »-götu« enden ebenso »-vegur« oder »-vegi«, und bei Ortsnamen wird etwa Seyðisfjörður zu Seyðisfirði und Höfn zu Hafnar.

GESCHICHTE IM ÜBERBLICK

um 750 Irische Mönche siedeln wohl erstmals an der Südküste.

860 Der Norweger Flóki Vílgerðarson gibt der Insel nach harten Wintern und dichtem Treibeis in den Westfjorden den Namen »Eisland«.

874 Ingólfur Arnarson lässt sich in Reykjavík (»Rauchbucht«) nieder; ihm folgen rund 400 Siedler mit ihren Sippen.

930 Die freien Bauern Islands gründen das *Alþing* (Althing), eine Volksversammlung, und damit auch den isländischen Freistaat. Rund 60 000 Menschen leben im 10. Jh. in Island.

1000–1230 Annahme des Christentums auf dem Althing. Schon 1056 wird der erste Bischofssitz in Skálholt gegründet, 50 Jahre später der zweite in Hólar. Zeitalter der kulturellen Blüte, in dem auch die Sagas entstehen.

1230–1262 Die Goden-Kämpfe während der Sturlungar-Zeit führen zum Ende des isländischen Freistaats, die Isländer erkennen den norwegischen König an.

1380 Island und Norwegen fallen durch Erbfolge an die dänische Krone.

1550 Der katholische Bischof Jón Arason wird auf Geheiß des Dänenkönigs in Skálholt enthauptet; die lutheranische dänische Staatskirche setzt sich mit Gewalt durch.

1602 Einführung des dänischen Handelsmonopols.

1800 Auf Befehl des dänischen Königs wird das Althing abge-

schafft, am 8. März 1843 auf Druck der Unabhängigkeitsbewegung unter Jón Sigurðsson (1811–1879) aber wieder eingesetzt.

1854 Ende des dänischen Handelsmonopols.

1874 Zur 1000-Jahr-Feier der Besiedlung überbringt der dänische König Christian IX. die Urkunde mit der neuen Verfassung, die dem Althing die gesetzgebende Gewalt und autonome Verwaltung der Finanzen zubilligt.

1904 Hannes Hafstein (1861 bis 1922) löst als erster isländischer Minister den bisherigen dänischen Gouverneur ab.

1918 Der dänische König bleibt Staatsoberhaupt, aber durch den Unionsvertrag wird Island ein souveräner Staat mit eigener Flagge.

1944 Per Volksabstimmung gibt sich Island den Status einer unabhängigen Republik, die am 17. Juni in Þingvellir ausgerufen wird.

1949 Island ist eines der Gründungsmitglieder der NATO.

1951 Schutzabkommen mit den USA, die daraufhin einen Militärstützpunkt in Keflavík errichten.

1952–76 Die schrittweise Ausdehnung der Fischereigrenzen auf 200 Seemeilen führt zu Konflikten mit anderen Fischerei-Nationen (»Kabeljaukriege«).

1971 Mit dem »Codex Regius« der Lieder-Edda kommt die erste der alten isländischen Handschriften aus Dänemark zurück. 1987 ist die Rückführung abgeschlossen.

2001 Island tritt dem Schengen-Abkommen bei.
2006 Die USA lösen ihre Militärbasis in Keflavík auf.
2008 Island stürzt in eine dramatische Finanzmarktkrise.
2009 Ein Mitte-Links-Bündnis aus Sozialdemokraten und Grünen gewinnt die Parlamentswahlen.
2010 Die Asche des ausgebrochenen Eyjafjallajökull legt Mitte April den europäischen Flugverkehr weitgehend lahm.

2013 Die Parlamentswahlen bringen wieder die Konservativen an die Macht.
2014 Im August bricht der Vulkan Bárðarbunga aus; die Eruptionen halten sechs Monate lang an.
2017 Nach zwei vorgezogenen Parlamentswahlen 2016 und 2017 wird die Links-Grüne Katrín Jakobsdóttir Premierministerin.
2019 Die isländische Handball-Nationalmannschaft belegt bei der Weltmeisterschaft Platz 11.

NATUR & UMWELT

Island entstand vor rund 25 Mio. Jahren und ist somit erdgeschichtlich ein sehr junges Land. Mitten auf dem Mittelatlantischen Rücken, also auf der eurasischen und der nordamerikanischen Kontinentalplatte zugleich, ist die größte Vulkaninsel der Welt bis heute geologisch aktiv.

Island entstand an einer Stelle, an der Lava aus untermeerischen Vulkanen schließlich bis an die Wasseroberfläche aufstieg und dort erstarrte; die ältesten Landesteile sind der Nordwesten und der Osten. Quer durch die Mitte der Insel führt jedoch, von Südwesten nach Norden, die Riftzone. An ihr entlang kommt es immer wieder zu Ausbrüchen und Spalteneruptionen. Schnell schießen dann bis zu 1000 °C heiße Gesteinsmassen empor, erkalten und füllen damit die Lücken mit neuer Lava wieder auf. So driften die beiden Kontinentalplatten jährlich um etwa 2 cm auseinander, entsprechend wächst auch Island. Die Erdaktivitäten lassen auf der Insel mehr als 200 Vulkane und rund 25 Hochtemperaturgebiete mit bis zu 200 °C heißen Schwefelquellen und Fumarolen rumoren und blubbern.

VULKANISMUS & GLETSCHER

In Island erlebt man Erdgeschichte direkt. Am sichtbarsten sind Schicht- oder Stratovulkane – Feuerberge wie der Snæfellsjökull oder die Hekla, die aus vielen Ascheschichten aufgebaut und deswegen sehr steil sind. Am Südwestufer des Mývatn haben sich Pseudokrater gebildet, als ein Lavastrom über eine Wasserfläche floss. Dabei entstand heißer Dampf, der sich explosionsartig einen Weg nach oben bahnte und die Krater hinterließ. In Hochtemperaturgebieten häufig anzutreffen sind Fumarolen, kleine Erdspalten an aktiven Vulkanzonen, die es in sich haben: Trifft Grundwasser auf das etwa 800–1200 °C heiße Magma, wird es explosionsartig erhitzt und schießt als stark CO_2-haltiger Dampf in die Höhe. Solfatare sind Schlammtöpfe, die Wasserdampf und Schwefelwasserstoff ausstoßen, und Geysire pumpen ihre Heißwasservorräte hoch in die Luft, wenn der Druck zu groß wird.

Prägend sind auch mächtige Gletscher wie Vatnajökull, Langjökull oder Hofsjökull. Die Eiszungen haben im Lauf der Zeit Basaltgestein zu Steinen und Sand zerrieben, das vom Schmelzwasser in Richtung Meer getragen wird. Die Folgen sind am Mýrdalssandur zu sehen – eine relativ ebene, eintönige Sanderfläche, die von der Ringstraße in zwei Hälften geteilt wird.

LANDSCHAFTSFORMEN

Neben dem Vulkanismus hat auch der Mensche die Landschaft stetig verändert. Fast 10 % Islands liegt noch unter Gletschereis, mehr als 60 % sind Ödland, vor allem das Hochland mit seinen Lava- und Schotterwüsten. Den Rest macht Grünland aus. Doch zu Zeiten der ersten Siedler sollen noch Wälder 20–40 % des Landes bedeckt haben, in der Gegenwart sind es nur noch 2 % – sie fielen früh dem Holz- und Weidebedarf zum Opfer. Heute versucht man mit Rekultivierungsprogrammen, die dünne Bodenschicht wieder besser vor Erosion zu schützen.

Knapp 20 % der Landfläche werden als Weide- und etwa 1 % als Ackerland genutzt, vor allem im Süden. Die Landwirtschaft spielt zwar auch im übrigen Küstengebiet eine wirtschaftliche Rolle, oft ist an steilen Hängen eine großflächige Nutzung aber nicht möglich. Besonders im Nordwesten prägen Basaltgebirge und tiefe Fjorde die Küstenlinien; hier sind die meisten der abgelegenen Höfe heute aufgegeben. Typisch für den Süden sind auch

Islandpferde sind an das Klima der Insel ideal angepasst

die breiten, schwarzen Lavasandstrände und das riesige Sandergebiet zwischen Mýrdalsjökull und Vatnajökull. Aufgrund der staatlich verordneten Reduzierung der Schafe beteiligen sich viele Bauern alternativ am Wiederaufforstungsprogramm. Auch wenn die Begrünung der Insel ihrem Charakter zur Zeit der Besiedlung im 9. Jh. wieder entsprechen soll, fürchten Kritiker, dass die weiten Lupinenflächen, deren Aussaat zur Bodenanreicherung notwendig ist, langfristig aus der grünen Insel eine blaue machen.

Weite Teile von Islands Ostens stehen seit 2008 im größten Nationalpark Europas unter Schutz: Der Vatnajökull-Nationalpark, dessen Infrastruktur stetig ausgebaut wird, umfasst 14 % der Landesfläche und bezieht mehrere kleinere Nationalparks und Schutzgebiete mit ein.

FLORA

Nur auf den ersten Blick wirkt Islands Flora eintönig, immerhin gibt es ca. 450 höhere Pflanzenarten neben rund 500 Flechten- und 600 Moosarten. Selbst in kargen Felslandschaften entdeckt man Muster aus kleinen Moospolstern, dazwischen schimmern früh blühender Thymian, rosa Alpenheide, Schwarze Krähenbeere, Rauschbeere sowie viele Heidelbeersträucher. Im Hochland gedeihen Zwergbirken; neben den Wiederaufforstungswäldern gibt es kleine subpolare Birkenwälder, die der Abholzung und dem Verbiss durch Schafe trotzen. Einen guten Überblick bietet der Botanische Garten *(Lystigarðurinn)* in Akureyri › S. 97.

FAUNA

Auch Islands Tierwelt ist aufgrund der isolierten Insellage sogar bei Insekten recht artenarm; Reptilien und Amphibien sind gar nicht heimisch. Vor Ankunft der Siedler gab es einen einzigen größeren Landsäuger, den Polarfuchs. Andere Arten wie Rentiere und Pferde, Hunde oder Ratten wurden eingeführt.

Zu den beliebtesten Haustieren zählt das widerstandsfähige, trittsichere und treue Islandpferd. So streng sind die Zuchtgesetze, dass selbst Pferde, die im Ausland an einem Turnier teilgenommen haben, nicht mehr nach Island zurückgebracht werden dürfen. Die verspielten Islandhunde, erkennbar am geringelten Schwanz, sind eine der ältesten Hunderassen der Welt und werden v. a. als Schaf-Hütehunde eingesetzt.

Am und im Meer ist sehr viel mehr Vielfalt geboten: Seehunde und Kegelrobben, Finn-, Sei- oder Zwergwale, daneben Pott-, Schwert- und Grindwale sowie rund 250 Fischarten, unter anderem Polardorsche oder Grönlandhaie, kommen rund um Island vor. Mehr als 70 Vogelarten kann man an Vogelfelsen wie Látrabjarg › S. 86 beobachten, darunter den Basstölpel, mit einer Spannweite von 1,80 m Islands größter Meeresvogel. Auch Herings-, Silber- und Eismöwen, Dickschnabel- und Trottellummen sowie Papageitaucher leben an den Felsküsten › Seitenblick S. 87.

KUNST & KULTUR

LITERATUR

Sprache und Literatur sind die wichtigsten identitätsbildenden Faktoren der Isländer. Mit der Einführung des Christentums wurde das Alphabet übernommen, und schon die ersten schriftlichen Zeugnisse, die von Hafliði Másson um 1117/18 niedergelegten Gesetze, waren in Isländisch verfasst.

Tatsächlich galten Lesen wie Schreiben schon früh als wichtig – rund um die beiden Bischofssitze Islands entstanden erste Schulen, von welchen aus sich die Grundbildung verbreitete. Sicher trug auch dazu bei, dass es schon im 13. Jh. besten Lesestoff gab: das »Íslendingabók« über die Isländer, das »Landnámabók« über die Anfangszeit der ersten Siedler sowie nicht zuletzt die »Íslendingasögur«, die Sagas. Vor allem letztere berichteten spannend von Liebe, Mord und Totschlag. Und alle handelten von den eigenen Vorfahren oder Nachbarn. Auch die Poesie kennt eine typisch isländische Variante, die im 14. Jh. entstandene Balladenform *rímur*.

Erst im 19. Jh entwickelte sich die isländische Literatur weiter, nach harten Jahrhunderten, und mit der Ausrufung der Republik und der Grenzöffnung kamen neue kulturelle Einflüsse ins Land. Den radikalen Bruch mit der traditionellen Lyrik vollzogen die »Atomdichter«, eine Gruppe von fünf Poeten, die zwischen 1946 und 1953 debütierten.

Die Strömungen der gegenwärtigen Lyrik sind faszinierend vielfältig. Erfrischend ist ihr humorvolles Spiel mit der isländischen Sprache, wie bei Einar Már Guðmundsson, Gyrðir Elíasson, Linda Vilhjálmsdóttir, Steinunn Sigurðardóttir und Sjón (Sigurjón B. Sigurðsson).

Nachhaltige Beeinflussung erfuhr der isländische Roman durch das Werk Þórbergur Þórðarsons (1889–1974), der mit seinen Essays und Memoiren nach 1924 eine Sensation schuf. Seine Texte waren von Stil und Ideologie her – er verband radikale sozialistische Ansichten mit seinem Interesse für übernatürliche Phänomene – revolutionär. Vor allem in Hinblick auf die Rezeption isländischer Autoren in Deutschland bis 1945 seien auch Gunnar Gunnarson (1889–1975) und Jón Sveinsson (1857–1944) erwähnt.

Maßgeblich zur Erneuerung der isländischen Prosa trug Halldór Laxness (1902–1998) bei, der mit seinen gesellschaftskritischen Romanen internationalen Ruhm erlangte. In »Atomstation« (1948) beschreibt er die isländische Gesellschaft so schonungslos, dass einige Patrioten ein Übersetzungsverbot für das Werk erlassen wollten. Mit dem Erhalt des Nobelpreises für Literatur 1955 wurde Laxness weltweit bekannt.

Die junge Autorengeneration ist längst aus dem langen Schatten von Laxness herausgetreten. Heute geht es um typische Fragen westlicher Industriegesellschaften wie Verstädterung, Identitäts- und Sinnkrisen. Und doch wirken die oft skurrilen und getriebenen Helden so ganz anders, wie z. B. bei

Hallgrímur Helgason (»101 Reykjavík«) oder Bragi Ólafsson (»Haustiere«). Die in Deutschland wohl bekanntesten isländischen Schriftsteller sind Krimiautoren wie Arnaldur Indriðason (Krimiserie mit dem Kommissar Erlendur Sveinsson), Viktor Arnar Ingólfsson oder Yrsa Sigurðardóttir.

Über die jüngsten literarischen Entwicklungen im Land und neue Übersetzungen informiert das Isländische Literaturzentrum (www.islit.is/en).

BILDENDE KUNST

Die Kunstszene in Island ist lebendig und kreativ. Fast jedes Jahr finden sich neue Skulpturen in Reykjavík und Umgebung, die den natürlichen und selbstverständlichen Umgang mit Kunstwerken dokumentieren.

Als Wegbereiter im ausgehenden 19. Jh. gelten Þórarinn Þorláksson, Ásgrímur Jónsson, Jón Stefánsson, Jóhannes S. Kjarval sowie der Bildhauer Einar Jónsson. Alle besuchten die Kunstakademie in Kopenhagen und setzen sich in ihren Werken mit der Natur Islands auseinander.

Jóhannes S. Kjarval (1885–1972) war der bedeutendste Maler Islands. Typisch für sein Werk ist das Einfließen symbolistischer und fantastischer Elemente in die dargestellten Landschaften. Einen Großteil seiner Arbeiten zeigt das Museum Kjarvalsstaðir (www.artmuseum.is) in Reykjavík.

Einar Jónsson (1874–1954), der erste isländische Bildhauer, entwickelte einen Symbolismus, der sich aus nordischer, griechischer und asiatischer Mythologie, Theosophie und Mystik zusammensetzt. Einen Großteil seiner Werke kann man in seinem ehemaligen Atelier und Wohnhaus neben der Hallgrímskirkja in Reykjavík sehen (www.lej.is).

Nach 1918 studierten Künstler auch in Deutschland und Frankreich – so Finnur Jónsson (1892 bis 1989), der ein Schüler Kokoschkas in Dresden war.

Skulpturenpark des Ásmundarsafn in Reykjavík

Seine vom Expressionismus, Kubismus oder Konstruktivismus geprägten Arbeiten fanden allerdings in den 1920er-Jahren in Island wenig Beifall.

Die erste umfangreiche Ausstellung gegenstandsloser Kunst in Island präsentierte im August 1945 Arbeiten von Svavar Guðnason (1909–1988). Er lernte in Paris bei Fernand Léger und machte sich mit dem Kubismus vertraut. Auch die Bildhauerei erhielt neue Impulse, v. a. durch Ásmundur Sveinsson (1893–1982) und Sigurjón Ólafsson. Ásmundurs Arbeiten kann man vielerorts in Reykjavík sowie in seinem Atelier mit Skulpturengarten in der Nähe von Laugardalur studieren.

Mitte des 20. Jhs. wurden Ideen wie Pop Art und Fluxus aufgegriffen. 1965 entstand die »Vereinigung junger bildender Künstler« (SÚM). Künstler wie Dieter Roth, der lange in Island lebte, beeinflussten die Kunstszene nachhaltig. 1965 stellte Guðmundur Guðmundsson (besser bekannt als Erró) in Reykjavík aus, dessen Stil als Mischung aus Pop Art und Surrealismus beschrieben wird. 1969 eröffnete SÚM eine Galerie, um Werke seiner Mitglieder auszustellen und ausländische Kunst in Island zu zeigen. Das 1978 gegründete Living Art Museum (*Nýlistasafn*, www.nylo.is) ist der Nachfolger.

International erfolgreich sind derzeit u. a. Ólafur Eliasson, ein in Deutschland lebender Däne isländischer Herkunft, und Gabríela Friðriksdóttir, die 2005 Island auf der Biennale in Venedig repräsentierte. Über die isländische Kunstszene informiert die Website www.icelandicartcenter.is.

MUSIK

Ein bisschen schräg, dann wieder rockig, bunt gemixt – so präsentiert sich Islands Unterhaltungsmusik, die man mit Namen wie Björk, GusGus, Sigur Rós oder Mezzoforte verbindet. Nachwuchsbands wie Rökkurró oder Quarashi werkeln an einer neuen Erfolgsstory. Für Furore sorgte die gebürtige Isländerin und Popsängerin Emiliana Torrini mit »Gollum's Song« aus dem Film »Herr der Ringe II«. »Rimur. Icelandic Chants«, so heißt eine populäre Sammlung alter isländischer Volkslieder, die mit australischen Didgeridoo-Klängen und irischen Harfentönen gemixt wurden.

Nach Björks Erfolgen hat Islands Kulturförderung die Musik als Exportgut entdeckt und unterstützt Bands finanziell wie künstlerisch. Auch das jährliche »Airwaves«-Festival bringt internationale Aufmerksamkeit.

Daheim geht es ohnehin musikalisch zu: Singen ist beliebt. Schon kleine Orte haben lebendige und wettbewerbsfreudige Chöre, manche seit rund 300 Jahren. Instrumente hingegen sind noch nicht so lange verbreitet. Alle Details und ein Musikfestival im Sommer präsentiert das Volksmusikzentrum in Siglufjörður (www.folkmusik.is).

Das 1950 gegründete Isländische Symphonieorchester wie auch die Opernsänger genießen international einen guten Ruf. Seit der Eröffnung des Konzertzentrums Harpa > S. 56 haben sie jetzt auch einen adäquaten Spielort.

In die Welt isländischer Musik entführt die Website www.musik.is.

FESTE & VERANSTALTUNGEN

In Island wird sehr gern gefeiert. Die traditionellen kirchlichen Feiertage wie Weihnachten bereichert man mit alten Bräuchen. Wichtig ist dabei das Zusammensein mit Familie und Freunden. Die zahlreichen Termine findet man unter: www.iceland.is/press/press-media-kid/annual-events.

FESTKALENDER

24. Januar–23. Februar: Þorrablót. Zur Austreibung des Wintergottes Þorri findet das Þorrablót-Essen mit geräucherten und gepökelten Speisen im Familien- und Freundeskreis statt, dazu *brennivín* und Molke.

3. Donnerstag im April: Erster Sommertag. Es wird draußen gefeiert, in Reykjavík z. B. mit Umzügen und Blasmusik, egal, ob es stürmt oder schneit. Man wünscht sich *gleðileg sumar,* einen fröhlichen Sommer, und tauscht Geschenke aus.

Mai: Reykjavík Art Festival. Zweiwöchiges Kunstfestival mit internationalen Gästen (www.listahatid.is).

Erstes Wochenende im Juni: Tag der isländischen Seemänner. Auf Friedhöfen und an Denkmälern für ertrunkene Seeleute werden Kränze niedergelegt. In Reykjavík ist der Hafen eine große Straßenfestmeile, meist liegen alle Boote in den Häfen.

17. Juni: Nationalfeiertag. Die Feierlichkeiten finden vor dem Parlament statt, mit Kranzniederlegung am Denkmal von Jón Sigurðsson und dem Auftritt der Bergfrau »Fjalla konan«. In Reykjavík und größeren Orten gibt es Straßenfeste mit Livemusik, die gegen Abend zur feucht-fröhlichen Fete werden.

Juni/Juli: Landsmót (alle zwei Jahre: 2020 etc.). Treffen der besten Reiter und Pferdezüchter der Insel, internationale Reitwettbewerbe, Prämierung der besten Zuchttiere. Wechselnde Austragungsorte (www.landsmot.is).

Erster Montag im August: Bankfeiertag. Einer der wichtigsten Ausflugstage im Sommer. Fällt der Tag auf den 2. August, so hat man den Eindruck, als würden alle jungen Isländer auf Heimaey leben, dort findet nämlich der zweite Nationalfeiertag für die Westmänner statt.

Zweites Wochenende im August: Gay Pride. Bunte Parade der Schwulen und Lesben in Reykjavík (www.gaypride.is).

3. Samstag im August: Reykjavík Cultural Night. An der Kulturnacht beteiligen sich

Straßenmusik während der Reykjavík Cultural Night

Kultureinrichtungen, Kirchen und Cafés. Ein Feuerwerk bildet den krönenden Abschluss. Am Vormittag findet der international beachtete **Reykjavík-Marathon** statt (www.rmi.is/en).

September: Réttir. Der Schafabtrieb ist der Höhepunkt des Herbstes. Obwohl anstrengend und langwierig, hat sich diese Arbeit zur Attraktion entwickelt, einige Unternehmen bieten sogar Touren dazu an. Wenn alle Schafe im Rett und auf die Höfe verteilt sind, beginnt der gesellige Teil mit gutem Essen, Trinken, Tanz und Gesang. > mehr S. 13 Punkt **9**

Ende Sept./Anfang Oktober: Reykjavík Jazz Festival (www.reykjavikjazz.is).

Oktober/November: Iceland Airwaves. Beim Festival der isländischen Nachwuchsbands treten nicht nur Pop- und Rockgrößen aus Europa und den USA auf, auch rund 500 Talentsucher lauschen dem aktuellen Sound des Landes in Klubs, Bars und Theatern in Reykjavík (www.icelandair waves.com). > mehr S. 12 Punkt **1**

Dezember: Weihnachten. Das eigentliche Familienfest findet vom 24. bis 26. Dezember statt, aber natürlich steht bereits der ganze Dezember im Weihnachtsglanz mit vielen Weihnachtsmärkten und längeren Ladenöffnungszeiten. 13 Weihnachtsmänner bereiten die Kinder auf das Fest vor: Ab dem 12. Dezember kommt jeden Tag einer aus der schrägen Sippe der Jólasveinar (»Weihnachtskobolde«). Am 24. sind alle versammelt; danach verschwinden sie wieder einer nach dem anderen, bis sie sich am 6. Januar endgültig verabschiedet haben.

ESSEN & TRINKEN

Island liebt und bietet beides: Fast Food mit Hot Dog (»pylsur«), Burger oder Pommes Frites (»franskar«), aber auch die »New Nordic Cuisine« und ein erstes Restaurant mit Michelin-Stern, das »Dill«.

Die Isländer haben ihre Liebe zu einheimischen Gemüsen und Salaten entdeckt, die nun die hervorragenden Gerichte mit einheimischen Fisch, Schalentieren und vor allem Fleisch bereichern. Dazu gehören auch die exzellenten Milchprodukte – auch das Käseangebot wird immer vielfältiger.

Da Essen im Restaurant die Urlaubskasse arg strapaziert, bieten Gaststätten im ganzen Land günstigere Mittagsmenüs (*dagsréttur*, meist ab ca. 12 Uhr) sowie spezielle Abendessen (meist ab ca. 18 Uhr) unter dem Etikett »Tourist Menu« an. Für Kinder gibt es dabei nochmals Rabatte.

TRADITIONSKÜCHE

Die Zubereitung traditioneller Gerichte wird je nach Jahreszeit und Region besonders gepflegt. Meist sind die Gerichte an den amerikanischen bzw. mitteleuropäischen Gaumen angepasst. So etwa der Frischkäse *skyr*, daneben frisch geräuchertes Lamm oder, als Variante, *saltkjöt*, gesalzenes Lammfilet, das man kalt oder warm essen kann.

Als Snack sind auch *súrmjolk,* Sauermilch, oder Heringe, teilweise in süßer Marinade, beliebt. Klassische Spezialitäten der isländischen Küche sind streng nach Ammoniak riechender *hákarl* (fermentierter Hai) oder *svið,* halbierte und gebackene Lammköpfe. Dazu schmeckt *rúgbrauð,* ein süßes, dunkles Roggenbrot, das in einigen Gegenden noch in heißen Quellen gegart wird. Teils wird auch Pferdefleisch gegessen. Im September und Oktober, wenn die Schafe geschlachtet werden, kommen Schafswürste *(slátur)* ins Angebot, darunter viel Blut- *(blóðmör)* und Leberwurst *(lifrarpylsa).* Als Delikatesse gilt Papageitaucher *(lundi),* z. B. auf den Westmänner-Inseln, ist aber ebenso umstritten wie Walfleisch *(hvalkjöt).*

GETRÄNKE

Das nach Meinung vieler beste Getränk gibt es umsonst und draußen: frisches Quellwasser, das meist so rein ist, dass es zur Herstellung von Mineralwasser verwendet und sogar ins Ausland exportiert wird. Testen Sie das Angebot mit Marken wie »Icelandic Glacial« oder »Iceland Spring«. Besonders geeignet ist das Wasser auch für die Bierbrauerei, wie die zahlreichen Mikrobrauereien beweisen.

Außerdem sind Säfte, Limonaden – auch kalorienarme – und Milch in den meisten Geschäften oder Supermärkten günstig zu haben.

In Island wird eine Kaffeekultur gepflegt, die den Besucher überraschen mag – wer würde so hoch im Norden Espressobars wie die der Kaffeehauskette Kaffitár erwarten? Selbst auf dem Land schenkt man nachmittags gegen 16 Uhr frischen Filterkaffee aus; in Tankstellencafeterias wird zum Preis einer Tasse ein- oder mehrfach nachgefüllt.

Urlauber mit einem Faible für Hochprozentiges decken sich besser gleich nach der Ankunft im Duty-Free-Bereich des Flughafens (im Rahmen des Erlaubten) ein, denn die sonst nur in den Alkohol-Läden VÍNBÚÐ erhältlichen alkoholischen Getränke sind relativ teuer. Das gilt auch für das einheimische helle Bier (Marken wie »Viking« oder »Egils«), das man in Restaurants, Kneipen oder VÍNBÚÐ-Geschäften bekommt. Supermärkte führen nur Leichtbiere.

GUTE FISCHRESTAURANTS

- Ein breites Angebot an Fischgerichten tischt das das **Fiskmarkaðurinn** in Reykjavík auf. ⟩ S. 60
- Die Landesspezialität Salzfisch kann man im **Salthúsið** in Grindavík in verschiedenen Variationen probieren. ⟩ S. 72
- Das **Tjöruhúsið** in Ísafjörður hat wohl eines der besten Fischbüffets, reichhaltig, gut und immer mal anders. ⟩ S. 88
- Auch die Reykjavíker kommen gern in den charmanten Ort Stokkseyri, um im Restaurant **Fjöruborðið** Languste – isländisch *humar* – zu essen. ⟩ S. 129

Polarlichter gehören zu den faszinierendsten
Himmelserscheinungen des Nordens

TOUREN & SEHENSWERTES

REYKJAVÍK & UMGEBUNG

Von der Plattform des Wasserspeichers Perlan aus hat man einen phänomenalen Blick über Reykjavík

Das kulturelle wie auch das wirtschaftliche Herz Islands schlägt in der kleinen Metropole Reykjavík. Die Umgebung bietet weltbekannte Sehenswürdigkeiten wie Þingvellir, den Geysir und den Strokkur oder die Blaue Lagune.

Für eine Islandreise sind Reykjavík und seine Umgebung der ideale Einstieg. Auf kleinem Raum lernt man hier viele Facetten der Insel kennen. Kultur, Natur und historische Zeugnisse findet man v. a. am Goldenen Kreis, während urwüchsige Lavalandschaften und typische Fischerorte die Halbinsel Reykjanes prägen.

Die weltweit nördlichste Hauptstadt hat nur knapp 130 000 Einwohner – als urbane Hauptstadtregion »Greater Reykjavík« mit seinen fünf Nachbarorten sind es mehr als 200 000, fast zwei Drittel aller Menschen auf der Insel. Hier findet sich ein ganzes Füllhorn an Museen und Galerien, Theatern und anderen kulturellen Einrichtungen. Dass hier auch das Zentrum der politischen und wirtschaftlichen Macht Islands liegt, fällt weniger ins Auge, protziges Zur-Schau-Stellen ist die Sache der Isländer nicht. Vielmehr wirkt der alte Kern Reykjavíks mit seinen Sträßchen und bunten, wellblechverkleideten Häusern beinahe dörflich. Dazwischen allerdings locken schicke Boutiquen und trendige Bars und Klubs, vor allem rund um den Laugavegur.

Auch das Eventprogramm kann sich sehen lassen. Es ist wohl der gelungene Mix aus Kosmopoliten-Flair und Inselcharme, der Reykjavík so reizvoll macht.

TOUREN IN DER REGION

1

MIT DEM FAHRRAD ENTLANG DER KÜSTE

ROUTE: Laugardalur > Höfði > Alter Hafen > Seltjarnarnes > Nesstofa > Suðurströnd > Nauthólsvík > Laugardalur

KARTE: Seite 56
DAUER: 1 Tag
PRAKTISCHE HINWEISE:
- Tourenanbieter, Fahrradläden und viele Hotels verleihen Räder; Auskunft beim Tourismusbüro (www.visitreykjavik.is)
- Radwege in Reykjavík und Umgebung hat RideTheCity (www.ridethecity.com), eine App samt Strecken auch **Bikemap** (www.bikemap.net).

TOUR-START:

Am **Laugardalslaug** Ⓢ › S. 61 steigt man aufs Rad und fährt nach Nordwesten zum Uferradweg entlang der Faxaflói-Bucht. Übers Meer nach Norden ist oft der ferne Vulkan Snæfellsjökull zu sehen. Man passiert **Höfði** Ⓟ › S. 59, die neuen Bürogebäude und Kunstwerke wie das Wikingerschiff **Sólfarið**. Dann sind das Opernhaus **Harpa** Ⓕ › S. 56 und der **Alte Hafen** › S. 56 mit seinen Fischerbooten erreicht. Vorbei am erneuerten **Grandi-Viertel** Ⓖ › S. 57 geht es weiter zur Halbinsel **Seltjarnarnes** ❷ › S. 64.

Der gut ausgebaute Radweg entlang der Straße Norðurströnd endet an einem Strand, über den man bei Ebbe zum **Leuchtturm Grótta** am Ende der Halbinsel laufen kann. Dann geht es am Strand entlang durch das Naturschutzgebiet zum **Teich Bakkatjörn** und einem windumtosten, schön gelegenen Golfplatz (im Juni/Juli fährt man durch den Ort, dann ist der Weg wegen der Seevögel-Brutzeit gesperrt).

Im **Ort Seltjarnarnes** lohnt z.B. ein Blick auf das Steinhaus **Nesstofa**: Hier lebte Islands erster Arzt, von Dänemark eingesetzt, 1772 war

TOUREN IN REYKJAVÍK UND UMGEBUNG

TOUR ❶

MIT DEM FAHRRAD ENTLANG DER KÜSTE

Laugardalur › Höfði › Alter Hafen › Seltjarnarnes › Suðurströnd › Nauthólsvík › Laugardalur › **auch S. 46**

TOUR ❷

GOLDENER KREIS

Reykjavík › Mosfellsbær › Þingvellir › Laugarvatn › Geysir › Gullfoss › Skálholt › Hveragerði › Reykjavík

hier Islands erste Apotheke, heute ist das **Museum der Medizin** (Austurströnd 2) darin untergebracht. Ein kleines Salzwasserschwimmbad › **Seitenblick S. 102** lockt zur Pause.

Über Nesvegur und Ægisíða führt der Weg nun, teils unbefestigt, an Reykjavíks Südküste um den Inlandsflughafen herum bis zum Strandbad **Nauthólsvík** › S. 61.

Dann geht es rund 1 km den Hügel Öskjuhlíð hinauf und über ein Netz an Spazierwegen zum Speicher **Perlan** 🛈 › S. 61. Zurück zum Laugardalslaug sind es nun noch 4 bis 5 km, ins Zentrum etwa 3 km.

TOUR ❸

RUND UM DIE HALBINSEL REYKJANES

Reykjavík › Hafnarfjörður › Keflavík › Garður › Brücke zwischen den Kontinenten › Grindavík › Blaue Lagune › Reykjavík

GOLDENER KREIS

ROUTE: Reykjavík › Mosfellsbær › Þingvellir › Laugarvatn › Geysir › Gullfoss › Skálholt › Hveragerði › Reykjavík

KARTE: Seite 52
DAUER: 1–2 Tage
PRAKTISCHE HINWEISE:

- Fast alle Veranstalter und großen Hotels in Reykjavík bieten diese Strecke als Tages-Bustour an. Unabhängiger ist man per Mietwagen, kann etwa die Geysire im schönen Abendlicht ansteuern.
- An Sommer-Wochenenden gibt es in Skálholt oft Klassikkonzerte.

TOUR-START:

Nur knapp vier Stunden Fahrt dauert die Rundtour – doch der Genuss liegt im Anhalten. Poetisch heißt sie »Goldener Kreis«, führt sie doch zum »Goldenen Wasserfall« Gullfoss und anderen Highlights Islands. Wer sie alle auskosten will, übernachtet unterwegs. Wer aber im Sommer früh startet, erlebt die meisten auch innerhalb eines langen Tages.

Von **Reykjavík** ❶ › S. 55 fährt man nach **Mosfellsbær** ❸ › S. 64, dann die Straße Nr. 36 entlang, die am Halldór-Laxness-Museum **Gljúfrasteinn** › S. 64 vorbeiführt. Von **Þingvellir** ❹ › S. 64, das wegen seiner historischen und geologischen

Bedeutung UNESCO-Welterbe ist, folgt man der Straße Nr. 365 zum See **Laugarvatn** **5** › S. 65. Anschließend geht es auf den Straßen 37 und 35 bis zum **Geysir** **6** › S. 66 mit seinem kleinen, spuckfreudigeren Nachbarn **Strokkur** › S. 67. Im **Hótel Geysir** › S. 67 kann man übernachten, doch vorher sollte man noch die wenigen Kilometer bis zum »goldenen Wasserfall« **Gulfoss** **7** › S. 67 fahren, der v. a. in der Abendsonne seinen größten Reiz hat. Zurück geht die Fahrt dann über den alten Bischofssitz **Skálholt** **8** › S. 68 und die Gartenstadt **Hveragerði** **9** › S. 68.

RUND UM DIE HALBINSEL REYKJANES

ROUTE: Reykjavík › Hafnarfjörður › Keflavík › Garður › Brücke zwischen den Kontinenten › Grindavík › Blaue Lagune › Reykjavík

KARTE: Seite 52
DAUER: 1–2 Tage
PRAKTISCHE HINWEISE:
• Für die westliche Küstenregion braucht man einen Pkw, deshalb bietet sich die Tour auch als Abschluss einer Reise an, bevor man das Auto am Flughafen zurückgibt.
• Zwischen Reykjavík und Keflavík und von dort nach Garður und Hafnir verkehren auch Busse.

TOUR-START:
Oft links liegengelassen, bietet Islands Südwest-Ecke doch eine karg-schöne Landschaft voll vulkanischer Vielfalt – schon ihr Name trägt den heißen Dampf, *reykur*, in sich. Seit 2015 hat sie den Status eines UNESCO Global Geopark (www.reykjanesgeopark.is).

Von **Reykjavík** **1** › S. 55 fährt man in in die Elfen- und Wikingerstadt **Hafnarfjörður** **10** › S. 69 und weiter nach **Keflavík** **11** › S. 70, wo das Wikingerschiffmuseum einen Besuch wert ist. Auch die Küstenorte **Garður** **12** › S. 71 und **Sandgerði** **13** › S. 71 warten mit Museen auf.

Über die Straßen Nr. 41, dann Nr. 44 und schließlich Nr. 425 folgt man dem Verlauf der Küste. Stoppen sollte man für eine Wanderung zum steilen Vogelfelsen **Hafnarberg** **16** › S. 72 und weiter südlich für eine Stippvisite bei der **Brücke zwischen den Kontinenten** **17** › S. 72.

An Reykjanes' Südwestspitze führt dann ein Abzweig zum **Geothermalgebiet Gunnuhver** mit Islands größtem Schlammtopf. Nah steht auch der einsame Leuchtturm Reykjanesvíti mit Blick zum Basstölpel-Felsen **Eldey** 📕 B5 vor der Küste. Weiter geht es zum Fischerort **Grindavík** **14** › S. 72 mit Museum, 5 km entfernt lockt die **Blauen Lagune** **15** › S. 72. Mehrere Hotels laden zur Übernachtung.

Weiter führen die Straßen Nr. 427 entlang der Südküste und die Nr. 42 zurück nach Norden – vorbei am Geothermalfeld **Krýsuvík-Séltún** › S. 72, dem großen See **Kleifarvatn** und dann zurück nach Reykjavík.

UNTERWEGS IN REYKJAVÍK   **1** ⭐ ▮ C5

ZENTRUM

Reykjavíks Herz schlägt zwischen Harpa und Hallgrímskirche, nordöstlich des Stadtsees Tjörnin. Die Altstadt rund um Laugavegur und Austurstræti liefert einen guten ersten Eindruck. Neu erfunden haben sich zuletzt das Hafenviertel Grandi und die Hverfisgata.

ÞJÓÐMENNINGARHÚS **A** ▮ b2

Das **Kulturhaus** zeigt mittelalterliche Originalmanuskripte z. B. der Sagas und der Edda sowie wechselnde Ausstellungen (Mai–15.Sept. tgl. 10–17, sonst Di–So 10–17 Uhr, 2000 ISK – auch für Nationalmuseum › S. 58, www.culturehouse.is).

ALTSTADTKERN ▮ a2

An Reykjavíks ältester Straße, der 1762 befestigten »Hauptstraße« **Aðalstræti,** steht auch das älteste

Haus (Nr. 10). Die Reste des wohl ersten Hauses von 871 sind hingegen Teil der Ausstellung **871 +/-2** **B** ⭐ über die Stadtgeschichte (Aðalstræti 16, tgl. 9–18 Uhr, 1700 ISK, www.settlementexhibition.is).

Senkrecht dazu führt die »Oststraße« **Austurstræti** **C** in den neueren Teil der Altstadt. Mit der Bankastræti und dem langen **Laugavegur** bildet sie die bekannteste Flaniermeile und Einkaufsstraße Reykjaviks. Hier spielt sich zum Wochenende auch das Nachtleben ab. › mehr S. 12 Punkt **5**

FÁLKAHÚS **D** ▮ a2

Im leuchtend roten **Falkenhaus** an der Ecke mit Giebelschnitzerei von 1850 wurden im 18. und 19. Jh. Islands seltene weiße Gerfalken gehalten und an Europas Königshäuser exportiert. Heute beherbergt es u. a. ein Restaurant (Hafnarstr. 1–3).

Wenn mal die Sonne scheint, spielt sich das Leben draußen auf dem Laugavegur ab

HAFNARHÚS **E** 📖 a2

Das **Hafenhaus** präsentiert in einer historischen Lagerhalle Wechselausstellungen rund um die Werke des isländischen Malers Erró. › mehr S. 15 Punkt **㉑** Mit **Kjarvalsstaðir** › S. 59 und **Àsmundarsafn** › S. 60 bildet es das **Kunstmuseum Reykjavík** (Tryggvagata 17, tgl. 10–17,

Do 10–22 Uhr, 1800 ISK für alle drei Häuser, <u>www.artmuseum.is</u>). Die Panoramafenster bieten einen tollen Blick auf den **Alten Hafen** 📖 a1.

HARPA **F** ⭐ 📖 b1

Die **Harfe**, das Konzert- und Kongresszentrum am Alten Hafen, ist mit seiner spiegelnden und leuch

tenden Fassade aus wabenförmigen Glasfenstern seit 2011 ein Highlight der Stadt. Regelmäßige Führungen bringen Architektur und Akustik des Gebäudes näher. Hier residieren Islands Oper und das Symphonieorchester. Auch ein Café, Restaurant und Geschäfte laden ins Innere. Die nächtlichen Illuminationen sind ein Werk des Künstlers Ólafur Elíasson (Austurbakki 2, www.harpa.is). › mehr S. 16 Punkt ㉔

GRANDI-VIERTEL UND MUSEEN Ⓖ 🔖 a1

Im lange unansehnlichen Nordosten des Alten Hafens haben sich heute gute Restaurants, Cafés und

TOUR IN REYKJAVÍK

TOUR ❶

MIT DEM FAHRRAD ENTLANG DER KÜSTE

Laugardalur › Höfði › Alter Hafen › Seltjarnarnes › Suðurströnd › Nauthólsvík › Laugardalur › auch S. 52

Ⓐ Þjóðmenningarhús
Ⓑ 871 +/-2
Ⓒ Austurstræti
Ⓓ Fálkahús
Ⓔ Hafnarhús
Ⓕ Harpa
Ⓖ Grandi-Viertel
Ⓗ Víkin Maritime Museum
Ⓘ Domkirkjan
Ⓙ Rathaus
Ⓚ Þjóðminjasafn
Ⓛ Listasafn Íslands
Ⓜ Norræna Husið
Ⓝ Hallgrímskirkja
Ⓞ Kjarvalsstaðir
Ⓟ Höfði
Ⓠ Ásmundarsafn
Ⓡ Botanischer Garten
Ⓢ Laugardalslaug
Ⓣ Perlan

Läden angesiedelt, auch ein Brauhaus mit Pub und eine Schokoladenfabrik mit Führungen.

Dazu laden Museen ein wie das **Víkin Maritime Museum** über Islands Seefahrt und Fischerei (www.maritimemuseum.is), das **Whales of Iceland** mit lebensgroßen Objekten (www.whalesoficeland.is), das **Aurora Reykjavík** zu Nordlichtern (www.aurorareykjavik.is) oder das **Saga Museum** (www.sagamuseum.is).

PARLAMENT UND DOMKIRKJAN 🖼 a2

Neben dem grauen, im 19. Jh. erbauten **Parlamentsgebäude** (*Alþingishús*, www.althingi.is) am **Austurvöllur** steht die kleine weiße Lutherische **Domkirkjan**, die 1796 geweiht wurde, nachdem der Bischofssitz von Skálholt › S. 68 hierher verlegt worden war (Mo–Fr 10 bis 16 Uhr, www.domkirkjan.is).

RATHAUS 🖼 a2

Sehr viel neuzeitlicher zeigt sich das 1992 halb in den Stadtsee Tjörnin hineingebaute Rathaus. Im Souterrain gibt ein 5×4 m großes Reliefmodell der Insel einen hervorragenden Überblick über Gletscher, Täler, Vulkane, Fjorde und das Straßennetz von Island. Von der **Cafeteria** aus hat man einen schönen Blick auf den See. mehr S. 13 Punkt

TJÖRNIN-SEE 🖼 a2

Das kleine Gewässer im beliebten Picknick-Park, samt Kunst und Spielplatz, ist für seine Vogelvielfalt bekannt: Diverse Entenarten nutzen den Teich als Brutrevier, darunter die seltene Eiderente. Im Winter dümpeln die nicht minder raren Singschwäne auf dem Wasser.

ÞJÓÐMINJASAFN 🖼 a3

Islands **Nationalmuseum** südwestlich des Sees zeigt multimedial und mit vielen Exponaten, wie Island als Nation entstand. Neben einem hervorragenden Überblick über Geschichte und Kultur erfährt man hier auch viel über das Wesen der Isländer (Suðurgata 41, Di–So 10 bis 17 Uhr, 2000 ISK – auch für Kulturhaus › S. 55, www.natmus.is).

LISTASAFN ÍSLANDS 🖼 a2

In der **Nationalen Kunstgalerie** sind Werke bekannter Maler wie Ásgrímur Jónsson in Dauerausstellungen vertreten. Daneben zeigen wechselnde Schauen regelmäßig die Bestandswerke (Fríkirkjuvegur 7, Mai–Sept. tgl., sonst Di–So 10 bis 17 Uhr, 2000 ISK, www.listasafn.is).

NORRÆNA HUSIÐ 🖼 a3

Das **Nordische Haus,** Kulturzentrum der nordischen Länder, das 1968 vom finnischen Architekten Alvar Aalto entworfen wurde, bietet stets interessante Ausstellungen. Angeschlossen ist ein exzellentes kleines Restaurant (Sæmundargata 11, tgl. 10–17 Uhr, Ausstellungen Mo bis Fr 13–17, Sa, So 10–17 Uhr, www.nordichouse.is, www.aalto.is).

HALLGRÍMSKIRKJA ⭐ 🖼 b3

Das steil aufragende Wahrzeichen der Stadt blickt von einem Hügel hinunter; benannt ist es nach dem Pastor und Dichter Hallgrímur

Der »Sonnenfahrer« *Sólfarið* an der Sæbraut-Promenade

Pétursson (1614–1674). Schon 1937 hatte man mit dem Bau der hellen Betonstruktur begonnen, doch erst 1974 wurden Turm und Kirchenflügel fertiggestellt, das Hauptschiff gar erst 1986 geweiht. Die Architektur soll an Islands Natur erinnern: die – lange umstrittene Fassade – an gestaffelte Basaltsäulen, der schneeweiße Innenraum an Gletscher.

Der 73 m hohe Turm bietet einen spektakulären Blick über die Stadt. Vor der Kirche schaut die Skulptur des Entdeckers Leifur Eiríksson mit in die Ferne (Hallgrímstorg, tgl. 9–21, Okt.–Apr. 9–17 Uhr, Turm 1000 ISK, www.hallgrimskirkja.is).

KJARVALSSTAÐIR ● ▮ c3
Kjarvals Stätte ist Islands wohl berühmtestem Landschaftsmaler gewidmet, Jóhannes S. Kjarval (1885 bis 1972). Mit **Hafnarhús** S. 56 und **Ásmundarsafn** S. 60 bildet sie das **Kunstmuseum Reykjavík** (Flókagata 24, tgl. 10–17 Uhr, 1800 ISK für alle 3 Häuser, www.artmuseum.is).

HÖFÐI ● ▮ c2
Die weiße Holzvilla von 1909, das etwas einsam zwischen Hauptstraßen und Bürogebäuden gelegene Gästehaus der Stadt, wurde 1986 durch das Gipfeltreffen von Gorbatschow und Reagan weltberühmt (Fjörutún, www.reykjavik.is/hofdi).

SÆBRAUT-PROMENADE ▮ b–d2
Die 2 km lange Uferpromenade mit Radweg ist gesäumt von Kunstinstallationen – am augenfälligsten wohl das stilisierte Wikingerschiff Sólfarið, »Sonnenfahrer«, des Künstlers Jón Gunnar Árnason.

RESTAURANTS

Fiskmarkaðurinn €€€

Der »Fischmarkt« serviert interessante Kreationen aus besten Zutaten, von isländischer Tradition über Sushi bis zum Probiermenü der Küchenchefin. Tgl. ab 18, Mo bis Fr auch 11.30–14 Uhr.

• Aðalstræti 12 | Tel. 578 8877
  www.fiskmarkadurinn.is

Dill €€€

Islands erstes Restaurant mit Michelin-Stern veredelt alte Rezepte zu moderner Nordic Cuisine. Unbedingt reservieren. Tgl. ab 11.30 Uhr.

• Hverfisgata 12 | Tel. 552 1522
  www.dillrestaurant.is

Hlemmur Mathöll €€

Islands erste Food Hall – eine Markthalle mit Ständen und Restaurants; vom Frühstück bis Abendessen, seit Ende 2017 am Busbahnhof Hlemmur

• Laugavegur 107
www.hlemmurmatholl.is

Zahlreiche gute Cafés und Restaurants bieten Laugavegur und Austurvöllur, Hverfisgata und Hafenareal.

SHOPPING

Eymundsson

Die Buchhandlung bietet eine gute Auswahl an Büchern über Island (meist auf Englisch). › mehr S. 17 Punkt **33**

• Austurstræti 18 und Laugavegur 77
  www.eymundsson.is

Kolaportið

Jedes Wochenende findet im einstigen Zollhaus ein bunter Flohmarkt statt. 11–17 Uhr, So mit Gottesdienst.

• Geirsgata/Tryggvagata 19
  www.kolaportid.is

Spakmannsspjarir

Bei »Kleidung weiser Menschen« kann man ungewöhnliche Mode von isländischen Designern kaufen. › mehr S. 18 Punkt **38**

• Bankastræti 11 | www.spaks.is

AUSSERHALB DES ZENTRUMS

ÁSMUNDARSAFN ① ▮ d3

Das Ásmundur-Skulpturen-Museum lohnt schon wegen des Gebäudes einen Besuch: Zwei oben

---

💬 **AUS DER STADTGESCHICHTE**

Die Gründung Reykjavíks geht auf den Norweger Ingólfur Arnarson zurück. Er wollte 874 die Götter über seinen neuen Wohnort entscheiden lassen und warf die hölzernen Säulen seines Hochsitzes über Bord. Wo sie antrieben, wollte er siedeln. Man fand die Säulen erst drei Jahre später an einem Ort mit vielen heißen Quellen und Schlammlöchern: im Laugardalur-Tal östlich der heutigen Altstadt. Ingólfur benannte die Bucht Reykjavík, Rauchbucht. 1786 erhielt die kleine Handelsstation die Stadtrechte, und 1843 tagte hier erstmals das Alþing. Reykjavíks wirtschaftlicher Aufschwung begann Anfang des 20. Jhs., gleichzeitig schnellte die Einwohnerzahl in die Höhe. Heute leben in der Hauptstadtregion Greater Reykjavík mehr als 200 000 Menschen.

gekappte Pyramidensockel aus Quadersteinen rahmen den Ausstellungstrakt ein, den eine Kuppel überdacht. Das futuristisch wirkende Ensemble wurde bereits 1942 konzipiert, hier hatte der 1982 verstorbene Künstler sein Studio. Den Skulpturengarten plante er ebenfalls selbst. Mit **Hafnarhús** › S. 56 und **Kjarvalsstaðir** › S. 59 bildet es das **Kunstmuseum Reykjavík** (Sigtún, Mai–Sept tgl. 10–17, sonst tgl 13 bis 17 Uhr, 1100 ISK oder 1800 ISK für alle 3 Häuser, www.artmuseum.is).

LAUGARDALUR-PARK
BOTANISCHER GARTEN 🄡 🔖 e3
1929 ließ Eiríkur Hjartson im Laugardalur etwas östlich die ersten Bäume pflanzen. 1955 erwarb die Stadt das Gelände und baute es zum Botanischen Garten *(Grasagarður)* aus, in dem heute zahllose Pflanzen gedeihen, darunter rund 350 aus Island. Im Sommer öffnet in einem der Gewächshäuser ein Café (April bis Sept. tgl. 10–22, Okt.–März 10 bis 15 Uhr, Eintritt frei).

LAUGARDALSLAUG 🄢 🔖 e2
Reykjavíks größtes und beliebtestes Schwimmbad bietet ein 50-Meter-Becken, vier bis zu 44 °C heiße Hot Pots, mehrere Whirlpools, Dampfbad, Solarium und eine 86 m lange Wasserrutsche (Sundlaugavegur 30, Mo–Sa 6.30–22, So 8–22 Uhr).

PERLAN 🄣 🔖 b/c4
Die Aussichtsplattform von Reykjavíks »Perle«, einem futuristischem Heißwasserspeicher mit spiegelnder Glaskuppel, bietet einen grandiosen Rundumblick über die Hauptstadt und ihre Umgebung (tgl. 10–22 Uhr, www.perlan.is).

Perlan steht auf dem 61 m hohen, bewaldeten Hügel **Öskjuhlíð** im Südosten Reykjavíks und speichert in seinen Tanks rund 20 Mio. Liter Wasser, um Teile der Stadt zu heizen.

Das **Perlan-Museum** im Erdgeschoss präsentiert seit Sommer 2017 sehr beeindruckend Islands Naturwunder, von lebensechten Vogelfelsen und Vulkanismus über Nordlicht-Shows und ein Planetarium bis zur künstlichen begehbaren Gletscherhöhle (tgl. 9–19 Uhr, 3400 ISK, 10–19.30 gratis Shuttlebus ab Harpa, www.perlanmuseum.is).

Ut i Blainn, »Ins Blaue Hinein«, nennt sich das neu angesiedelte **Drehrestaurant** unter der Kuppel, im edlen Bistro-Stil mit hochgelobter Küche (tgl. 11.30–14, 17–21 Uhr, www.utiblainn.is). Auch zwei Cafés der heimischen Rösterei Kaffitár sorgen fürs leibliche Wohl (8 bis 23 Uhr, www.kaffitar.is).

NAUTHÓLSVÍK
Südlich von Perlan liegt Islands einziger Meeresbadestrand › Seitenblick S. 102. Der kleine geschützt liegende Strand, wo eine Heißquelle für angenehme Badetemperatur sorgt, ist auch ein beliebtes Fotomotiv (www.nautholsvik.is).

ÁRBÆJARLAUG
Auch dieses Bad im Westen der Stadt ist zu empfehlen – neben einem Becken mit Massagedüsen, Minigeysiren und Wasserspeiern hat es eine Riesenrutsche und einen

Wellnessbereich mit Dampfbad und Solarium (Fylkisvegur 9, Mo–Fr 6.30–22, Sa, So 9–18 Uhr, www.reykjavik.is/en/all-swimming-pools).

FREILICHTMUSEUM ÁRBÆJARSAFN ⭐

Um die gleichnamige Farm aus dem Jahr 1464 wurde im Stadtteil Árbær ein Dorf mit etwa 30 Häusern, z. T. aus Torf, errichtet, wo das Leben vergangener Tage nachgestellt wird. Sonn- und feiertags gibt es traditionelle Tänze, Trachten- und Handwerksvorführungen (Kistuhyl 4, Juni–Aug. tgl. 10–17, sonst 13–17, geführte Tour je 13 Uhr, 1650 ISK, www.borgarsogusafn.is/en/arbaer-open-air-museum).

INFO

Tourist Information Centre
- Bankastræti 2 | Reykjavík www.visitreykjavik.is | tgl. 9–19 Uhr

VERKEHR

- **Leifur Eiríksson Airport:** Internationaler Flughafen in Keflavík (Tel. 425 6000, www.kefairport.com). Vom Flughafen fahren Shuttlebusse in die Stadt (ca. 45 Min., www.flybus.is, www.airportexpress.is). Tickets an der Touristeninformation im Flughafen sowie im Bus. Von den meisten Hotels, Gästehäusern und der Jugendherberge besteht ein Busshuttle zum BSÍ-Terminal, wo der Flybus abfährt.
- **Reykjavík Airport:** Inlandsflughafen südlich der Altstadt; Anreise per Taxi oder Bus 15. (Tel. 570 3030).
- **Stadtbusse** (www.straeto.is) fahren werktags ab 7, So/Fei ab 10 Uhr bis Mitternacht alle 20–30 Min.; Sa, So Nachtbusse bis 4 Uhr. Das Netz ist relativ dicht; weit her-

um kommt man mit den S-Linien 1 bis 6. Große Umsteigestationen sind Hlemmur und Mjódd.
- **Fernbusse** in alle Landesteile verkehren ab BSÍ-Terminal, Vatnsmýrarvegur 10, Tel. 580 5400, www.bsi.is.
- Die **Reykjavík City Card** berechtigt zur kostenfreien, unbegrenzten Benutzung der Stadtbusse und gewährt freien Eintritt in viele Museen, Thermalbäder, den Familien- und Tierpark. Die Karte beinhaltet auch noch diverse Rabatte, man erhält sie in der Touristinformation sowie in zahlreichen Hotels und Geschäften. Sie ist erhältlich für 1, 2 oder 3 Tage (3900, 5500 oder 6700 ISK).

HOTELS

Die Hauptstadtregion bietet ein breites Übernachtungsspektrum von schicken Design-Apartments bis zu schlichten Schlafsackplätzen. Ein erstes 5-Sterne-Luxushotel soll 2020 am Hafen eröffnen

Borg €€€

Reykjavíks erstes Luxushotel von 1930, im Art-Déco-Stil vom Hallgrímskirkja-Architekten. Elegante große Räume, bester Service.
- Pósthússtræti 11 | Tel. 551 1440 www.hotelborg.is

Marina €€€

Eine Mischung aus schräg-modern und retro im einstigen Lagerhaus, direkt am alten Hafen und dem Grandi-Viertel. Mit sehr gutem Restaurant.
- Mýrargata 2 | Tel. 560 8000 www.icelandairhotels.com

Hótel Reykjavík Centrum €€€

Modernes Hotel in teils historischen Häusern in der ältesten Straße der Stadt, im skandinavischen Stil.

• Adalstraeti 16 | Tel. 514 6000
  www.hotelcentrum.is

KEX Hostel €€
Angesagtes Hostel in alter Keksfabrik,
gemütlich mit liebevollen Details, Fitness-
raum und großer Terrasse.
• Skúlagata 28 | Tel. 561 6060
  www.kexhostel.is

OK €€
Kleine Öko-Apartments mit lokaler Kunst
und Vintage-Einrichtung, zentral und mit
Restaurant und Pub am Haus.
• Laugavegur 74 | Tel. 578 9850
  www.ok-aparthotel-reykjavik.hotel-ds.com

Room with a View-Apartments €€
Schicke, komfortable Räume in 40 Apartments mit Küche und Whirlpool, zentral
• Laugavegur 18 | Tel. 5 52 72 62
  www.roomwithaview.is

Loft HI Hostel €
Drei Jugendherbergen bietet die Stadt:
das zentrale **Loft** (Bankastræti 7, Tel.
553 8140) mit Dachcafé und tollem Blick
über die Stadt, das etwas schickere **Down-
town** nahe dem Alten Hafen (Vesturgata 17,
Tel. 553 8120) sowie das große, neu reno-
vierte Haus im **Laugardalur-Park** mit guten
Busverbindungen (Sundlaugavegur 34, Tel.
553 8110). 10 % Rabatt für JH-Mitglieder.
• www.hostel.is/reykjavik

RESTAURANTS
Matur og Drykkur €€–€€€
Isländische »Speisen und Getränke« mit
neuem Touch serviert man sehr angesagt
in der einstigen Salzfischfabrik im Grandi-
Distrikt.
• Grandagarður 2 | Tel. 571 8877
  www.maturogdrykkur.is

Grillmarkaðurinn €€–€€€
Gegrilltes von Steak bis Meeresfrüchte,
innovativ präsentiert in einem urig-edlen
Restaurant voller Lavagestein und Holz.
Wochentags Mittagstisch.
• Lækjargata 2 a
  Tel. 571 7777
  www.grillmarkadurinn.is

Snaps €€
Bistro und Bar mit ausgesprochen reich-
haltigem Angebot, das vom täglichen
Frühstück bis zu allerlei Gin & Tonic-
Variation reicht.
• Óðinstorg | Tel. 511 6677
  www.snaps.is

Gló €–€€
Viele sehr gute vegetarische Gerichte;
50% der Zutaten sind aus organischem
Anbau. Säfte und Smoothies.
• Laugavegur 20b | Tel. 553 1111
  www.glo.is

SHOPPING
• Designideen sprudeln im **Kírsuberjatréð,**
  dem »Kirschbaum« (Vesturgata 4, www.
  kirs.is); umfassend über Islands Design
  informiert das **Iceland Design Center**
  (www.icelanddesign.is).
• Musik in großer Auswahl bietet der
  Klassiker **12 Tónar,** freitags oft Livegigs
  (Skolavörðustígur 15, www.12tonar.is).
  > mehr S. 17 Punkt ㉝ Ein gutes Angebot haben auch **Lucky Records**
  (Rauðarárstígur 10, www.luckyrecords.is)
  und **Smekkley sa Plötubúð** (Skolavörðustígur 16, www.smekkleysa.net)
• Die große Einkaufsvielfalt außerhalb der
  Altstadt vereinen zwei Malls: **Kringlan** im
  Südosten (Kringlan 4–12, www.kringlan.
  is) und **Smáralind** in Kópavogur (Hagas-
  mára 1, www.smaralind.is).

NIGHTLIFE

Reykjavík hat ein lebhaftes Nachtleben rund um die Altstadt, lange Schlangen markieren angesagte Lokale. Die Smartphone-App »Reykjavík Appy Hour« informiert über die jeweils günstigsten Drinks.

Iðnó

Früher war dies das Stadttheater, weiterhin dient es als Bühne für Drama, Lesungen und Konzerte. Gutes Restaurant.

• Vonarstræti 3
  www.idno.is

Austur

Wohl trendigster Klub der Stadt auf zwei Etagen mit großer Tanzfläche, Cocktail-, Wein- und Bierbar.

• Austurstræti 7
  www.austurbar.is

Kaffi Vínyl

Vintage-Café mit Musik, Speisen von früh bis spät, dazu DJ-Auftritte, aber auch Livemusik.

• Hverfisgata 76
  www.kaffi-vinyl.business.site

UNTERWEGS IN DER UMGEBUNG

SELTJARNARNES 2 📖 C5

Im westlichen Nachbarort Reykjavíks erstreckt sich ein wunderschöner Strand mit dem **Leuchtturm Grótta** – ein idealer Ort für Spaziergänge › S. 52.

GOLDENER KREIS

MOSFELLSBÆR 3 📖 C5

Hauptattraktion hier ist **Gljúfrasteinn,** das ehemalige Wohnhaus des Literaturnobelpreisträgers Halldór Laxness (1902–1998). Eine Multimediapräsentation informiert über Leben und Werk von Islands Nationaldichter (auch auf Deutsch).

Von seinem Arbeits- und Schlafzimmer unweit dem Hof seiner Kindheit genoss Laxness den schönen Blick in die Landschaft, die ihn stets inspirierte (Juni–Aug. tgl. 9–17, Sept.–Mai Di–So 10–16 Uhr, 900 ISK, www.gljufrasteinn.is).

ÞINGVELLIR 4 ⭐ 📖 C5

Ein breites flaches Tal am See mit der scharfkantigen Schlucht **Almannagjá,** »Allmännerschlucht«, die wie aus dem Felsboden gehobelt scheint: Hier, 50 km östlich der Hauptstadt, wurde über lange Zeit isländische Geschichte geschrieben, und so ist dieser Ort auch UNESCO-Weltkulturerbe.

Darüber hinaus verläuft hier die Nahtstelle zweier Kontinentalplatten – im þingvellir, dem »Tal des Thing«, kann man quasi mit einem Bein in Europa, mit dem anderen in Amerika stehen. Wie aktiv die Kontinentaldrift ist, zeigte ein Erdbeben im Jahr 1789: Binnen zehn Tagen sackte damals der Boden um ganze 67 cm ab. Heute verbreitert sich der Graben pro Jahr um 8 mm.

Westlich der Almannagjá erkennt man am Berg die Überreste einfacher Steinbehausungen: In diesen *buðir* wohnten wichtige Goden während der Versammlungen des Alþings > Seitenblick unten.

Am östlichen Ufer des Öxará-Flusses (> mehr S. 16 Punkt ㉕) markiert die um 1860 erbaute þing-valla-Kirche jenen Ort, an dem die erste isländische Kirche nach der Bekehrung zum Christentum im Jahr 1000 stand. Im Inneren sind das Altarbild des Dänen Niels Anker, die hölzerne Kanzel (1863) und ein silberner Hostienkelch (1743) zu sehen. Im Sommer locken Messen und Dienstagskonzerte (www.kirkjan.is/thingvallakirkja).

Die Holzhäuser nebenan beherbergen Räume für den Pfarrer sowie für den Direktor des 50 km² großen Nationalparks.

In der Silfra-Spalte am Rand des Sees þingvallavatn im Nationalpark sind Schnorchel- und Tauchtouren zwischen den Kontinenten möglich (www.dive.is, www.adventures.is). > mehr S. 12 Punkt ➋

INFO

Servicezentrum þingvellir

Infos und Angellizenzen. Cafeteria Juni–Aug. tgl. 9–22, sonst 9–18 Uhr

• Leirar, an der Straße Nr. 36

  Tel. 482 2660 | www.thingvellir.is

Multimedia-Informationszentrum

Multimedia-Ausstellung zur Natur und Geschichte des Nationalparks (Toilettengebühr 200 ISK, Parkgebühr für PKW 750 ISK, tgl. 9–18 Uhr).

• Oberhalb der Almannagjá

  Tel. 482 3613 | www.thingvellir.is

LAUGARVATN 🔳5 📍 C5

Umgeben von den einsamen, kargen Lavafeldern des Gjábakkahraun

---

🗨 ALÞING IM ÞINGVELLIR

Im Frühsommer des Jahres 930 kamen erstmals die 36 Goden zusammen, weit verstreut lebende freie Bauern, die als Oberhäupter der Godentümer das rechtliche Zusammenleben im ganzen Land ordneten. Die gewaltige Schlucht namens **Almannagjá**, »Allmännerschlucht«, schien als Versammlungort ideal: die Felsen als Tribüne für stimmgewaltige Redner, die Ebene für das Publikum. Dem ersten Alþing folgten weitere, immer auch Volksfest und Heiratsmarkt, stets während der »zehnten Sommerwoche« Ende Juni. Vom Lögberg aus, dem »Gesetzesfelsen«, trug der jeweils für drei Jahre gewählte *Lögsögumaður*, der Gesetzessprecher, die Gesetze den bis zu 5000 Zuhörern auswendig vor. Die *Lögrétta* als oberstes Gericht fällte Urteile, die meist sofort vollstreckt wurden: etwa Verbannung ins lebensfeindliche Hochland, später Enthauptung bei Männern oder Ertränken bei Frauen.

Über 332 Jahre funktionierte diese frühparlamentarische Verwaltung reibungslos, dann geriet Island zunehmend unter Fremdherrschaft. Das Alþing, das zunächst noch Gesetze erlassen konnte, verlor seine Rechtshoheit. Erst von 1843 an erlangte es Schritt um Schritt seine einstige Bedeutung wieder – diesmal allerdings nicht mehr im Þingvellir, sondern in Reykjavík.

und Kahraun liegt der »See der warmen Quellen« mit dem gleichnamigen kleinen Ort.

An einer der Quellen namens Vígðalaug wurde der Sage nach im Jahr 1550 der in Skálholt hingerichtete beliebte Bischof Jón Arason vor seiner Bestattung reingewaschen. Im Sommer erreicht der See durchaus angenehme Badetemperaturen: Heiße Quellen und die Sonne heizen ihn dann auf bis zu 20 °C auf.

INTERESSANTE MUSEEN

- Das **Kunstmuseum** im Hafnarhús (Hafenhaus) in Reykjavík zeigt u. a. die Werke des von Comics und Pop Art beeinflussten isländischen Künstlers Erró. › S. 56
- Literaturfreunde zieht es zum ehemaligen Wohnhaus des Nobelpreisträgers Halldór Laxness, **Gljúfrasteinn.** › S. 64
- Einzigartig ist die Sammlung der (funktionsfähigen!) Motoren im **Seefahrts- und Heimatmuseum** in Garðskagi. › S. 71
- Das **Heringsmuseum** in Siglufjörður präsentiert anschaulich die Bedeutung des Heringsfangs in früheren Zeiten. › S. 106
- »Steinreich« ist Petra Sveinsdóttirs **Mineraliensammlung** in Stöðvarfjörður mit Funden aus der Gegend. › S. 116
- Wenn man nur ein einziges volkskundliches Museum in Island besuchen kann, ist das **Skógasafn** in Skógar allererste Wahl. › S. 126

Rund ums Jahr bietet sich ein Besuch im Heißquellen-Badebecken der Lagune **Fontana** › Seitenblick S. 103 an, mit Dampfbad und Blick auf den See (www.fontana.is). › mehr S. 12 Punkt **3**

HOTELS

Edda-Hótel ÍKÍ €€€
Sommerhotel, manche Zimmer mit Seeblick, gutes Restaurant und Möglichkeit für Schwimmen und Golf (7. Juni–17. Aug.).
- Laugarvatn | Tel. 444 4810
  www.hoteledda.is

Héradsskólinn Boutique Hostel €€
Ein früheres Internat im malerischen Vielgiebelhaus mit See- oder Bergblick, von Doppelzimmer bis Schlafsaal. Mit Bistro, Café und Bar.
- Laugarbraut | Laugarvatn
  Tel. 537 8060
  www.heradsskolinn.is

RESTAURANT

Lindin €€
Kleines Lokal und Caféterrasse am See mit lokaler Küche in hoher Qualität, z. B. Lamm, Langustensuppe und Eis. Tgl. 12–22 Uhr.
- Lindarbraut 2 | Tel. 486 1262
  www.laugarvatn.is

HAUKADALUR ▮ C/D5
Das Thermalfeld »Habichtstal« ist für seine Geysire berühmt, gerahmt von Kalksinterbecken, Fumarolen und Schlammtöpfen. Zur Hochsaison leider sehr überlaufen.

GEYSIR (STÓRI GEYSIR) **6** ▮ D5
Er gab allen Springquellen der Welt den Namen: der Stóri oder Große Geysir am Fuß des Laugarfjall, der

Sprüht manchmal bis zu 45 m hoch: die Fontäne des Strokkur

aber später ermüdete. Seit einem Erdbeben im Juni 2000 macht der Stóri Geysir nach fast 100-jähriger Pause wieder Versuche zu sprühen, doch selten und nur wenige Meter hoch; vorbei sind die Zeiten, als die Fontäne über 60 m hoch stieg.

STROKKUR ⭐ 📖 D5

Dafür erfreut der nur 100 m entfernte kleine Nachbar Strokkur, »Butterfass«, verlässlich die meist in Scharen versammelten Touristen mit hohen Fontänen.

Etwas weiter westlich hat man von einem Aussichtspunkt einen tollen Blick über das Hochtemperaturgebiet (vulkanische Zone, in der über 150 °C heißes Wasser austritt) – und nachmittags, bei Sonne, das beste Fotolicht.

INFO

Geysir Center

Riesiger Souvenirladen, diverse Restaurants und Bistros. Wissenswertes zum Tal aber nur draußen auf Info-Schildern.

• Haukadalur | Tel. 480 6800
  www.geysircenter.is
  Im Sommer tgl. 9–22 Uhr

HOTEL

Hótel Geysir €€€

Hotel im Blockhausstil mit Pool und rustikalen Zimmern. Kulinarische Spezialitäten im Restaurant, Golfplatz.

• Haukadalur | Tel. 480 6800
  www.geysircenter.is

GULLFOSS ⭐ 2 7 📖 D4/5

Gülden leuchtet der »Goldene Wasserfall« besonders bei tief stehender Abendsonne, tagsüber sorgt die feine Gischt oft für Regenbögen. In zwei versetzten Kaskaden rauscht das Wasser des Gletscherflusses Hvíta dramatisch rund 30 m in die Tiefe. Hätte eine Bauerntochter vor 100 Jahren nicht hartnäckig protestiert, so wäre ein Teil einem Wasserkraftwerk geopfert.

Der obere Weg (mit Restaurant und Souvenirshop, www.gullfoss.is) bietet den Überblick, der untere führt teils glitschig nah an die mittlere Fallkante – im Winter manchmal wegen Eisglätte gesperrt.

SKÁLHOLT 8 ▮ C5

Über 700 Jahre lang hatte der Bischofssitz südlich von Laugarvatn enorme Bedeutung für Island, als Zentrum für Religion wie für Bildung. Erst Zerstörungen durch ein Erdbeben 1785 bewogen die Geistlichkeit, nach Reykjavík umzuziehen. Die moderne Domkirche von 1963 erinnert an die große Zeit, in ihrer Krypta werden die Gebeine der Bischöfe von Skálholt aufbewahrt. Im Sommer finden stimmungsvolle Konzerte statt (www. skalholt.is, www.sumartonleikar.is).

HVERAGERÐI 9 ▮ C5

Das Hochtemperaturgebiet Hengill rings um die Stadt (2500 Einw.) bietet mit die Voraussetzung, dass hier auf mehr als 18 ha Fläche bunte Topfpflanzen und Gemüse wie saftige Gurken oder Tomaten angebaut werden und dass man in der staatlichen **Gartenbauschule** – berühmt für Bananen, Kaffee und Feigen – sogar unter Palmen sitzen kann. Zahllose Gewächshäuser können mit heißem Dampf aus 350 m tiefen Bohrlöchern versorgt werden. Natürlich muss der Natur im dunklen Winter mit Infrarotlicht nachgeholfen werden. Die Pflanzen gedeihen

Der Gulfoss rauscht über zwei Felsstufen in die Tiefe

auf einer Mischung aus Lehm, Torf und vulkanischer Asche.

Heute haben sich die Methoden in ganz Island verbreitet, viele Bauern betreiben eigene Gewächshäuser, und immer mehr Gemüse stammt von der Nordmeerinsel.
> mehr S. 14 Punkt **16**

Hveragerði selbst bietet einen kleinen Geothermalpark mit Café, zudem dient der Ort als Ausgangspunkt für die gut erwanderbare Umgebung, etwa zum Flussbaden mit Heißquelle und kleinem Geysir im Tal Ölfusdalur oder zum dampfenden Reykjadalur.

Und auch bei Künstlern hat der Ort einen guten Namen, samt renommierten **Kunstmuseum Árnesinga** (www.hveragerdi.is).

INFO

Tourist Info Suðurlands
Im Gebäude befindet sich auch eine Ausstellung zum Erdbeben von 2008.
• Sunnumörk 2–4 (Einkaufszentrum) Hveragerði | Tel. 483 4601
www.south.is
Juni–Aug. Mo–Fr 8.30–18, Sa 9–16, So 9–14, sonst Mo–Fr bis 17, Sa, So bis 13 Uhr

HOTELS

Hótel Örk €€€
Großes Hotel mit 85 Doppelzimmern, Restaurant, Golfplatz und Schwimmbad.
• Breiðamörk 1c | Hveragerði
Tel. 483 4700 | www.hotel-ork.is

Gästehaus Frost og Funi €€
Isländische Kunst und Bio in schicken hellen Zimmern, mit Fluss- und Quellblick.
• Hverhamar | Hveragerði
Tel. 483 4959 | www.frostandfire.is

RESTAURANT

Kjöt & Kúnst €–€€
Gegart wird bei »Fleisch & Kunst« mit dem Dampf heißer Quellen, es gibt Snacks und Torten sowie isländisch Traditionelles. Sommer Mo–Sa 11.30–22 Uhr.
• Breiðamörk 21 | Hveragerði
Tel. 483 5010 | www.kjotogkunst.is

REYKJANES-HALBINSEL

HAFNARFJÖRÐUR 🔟 ▐ C5

»Wikingerhauptstadt«, »Stadt in der Lava« oder »Elfenkapitale«? Die mit knapp 30 000 Einwohnern drittgrößte Stadt Islands hat viele Facetten. Im Halbkreis schmiegt sie sich um den namengebenden Hafenfjord, Wahrzeichen ist der rot-weiße Leuchtturm Vítinn, die Altstadt prunkt mit schmucken Häuschen.

Als Erster soll hier um 860 Flóki Vílgerðarson gesiedelt haben. In jene Zeit zurück reist man im **Wikingerdorf Fjörukráin:** Schwarze Holzhäuser mit Drachenkopfgiebeln, dazu ein Kulturhaus, ein Hotel im Wikingerstil und zwei Restaurants. Für Gruppen wird während des Speisens auch mal Walkürengesang oder eine Wikingerentführung organisiert (Strandgata 55, Tel. 565 1213, www.fjorukrain.is).

Später war hier die Hanse knapp 200 Jahre lang ansässig; diese Geschichte präsentieren anschaulich die Museen rund um **Sívertsens Hús,** das einstige Wohnhaus des »Vaters der Stadt«, des Händlers Bjarni Sívertsen (1760–1833).

Ganz andere Geschichten erzählt man sich vom Huldufólk, dem »Verborgenen Volk«: Elfen, Zwerge und auch Gnome sollen vor allem im Stadtpark **Hellisgerði** (www.elf garden.is) wohnen. »Elfenkarten« zeigen wo – zwischen knorrig verbogenen Bäumchen und erkalteten Lavablasen geht die Phantasie auf die Reise (Aktuelles in der Touristeninformation).

INFO

Tourist Information
Mo–Fr 8–16 Uhr, im Sommer zusätzlich im Museum tgl. 11–17 Uhr
• im Rathaus | Strandgata 6
  Hafnarfjörður | Tel. 585 5500
  www.visithafnarfjordur.is

HOTELS

Hótel Viking €€€
Wohnen mit Wikinger-Charme – 42 Zimmer, deren Einrichtung die Wikingerkultur thematisiert. Restaurant, Hot Pot.
• Strandgata 55 | Hafnarfjörður
  Tel. 565 1213 | www.fjorukrain.is

Route 1 Guesthouse €–€€
Freundliches Haus in guter Lage, geräumige Zimmer mit Bad, Gemeinschaftsküche.
• Bæjarhraun 24 | Tel. 832 6333
  Hafnarfjörður | www.route1guesthouse.is

RESTAURANTS

A.Hansen €€–€€€
Exzellente isländische Küche, Grill & Bar, auch Pferde- und Wal-Steak, in einem gelben Haus des 18. Jhs., früher Gamla Vínhúsið, tgl. 17.30–22 Uhr
• Vesturgata 4 | Tel. 565 1130
  Hafnarfjörður | www.ahansen.is

Súfistinn €
Café-Bar im ältesten Steinhaus des Ortes. Es gibt leckere Speisen und Kuchen, und dazu oft Livemusik Mo–Fr 8.15–23, Sa, So 10/11–23 Uhr).
• Strandgata 9 | Tel. 565 3740
  Hafnarfjörður | www.sufistinn.is

SHOPPING

In der Altstadt locken viele Lädchen und Boutiquen mit einheimischen Souvenirs, von Design im **Alfagull** (Strandgata 49) bis zur **Litla Alfabúðin,** dem »Kleinen Elfenladen« im Hellisgerði-Park.

FESTIVAL

Jeden Juni bietet das **Viking-Festival** einen großen Mittelaltermarkt und Wikinger-Schwertkämpfe oder Reiterspiele, daneben klassische Konzerte, Kino- und Theateraufführungen.

KEFLAVÍK 11 📕 B5

Der Ort, bei dem die meisten an den nahen internationalen Flughafen denken, ist seit 1994 »nur« noch ein Ortsteil der Gemeinde **Reykjanesbær,** gemeinsam mit Njarðvík und Hafnir. Dank guter Lage ist Keflavík schon seit dem 16. Jh. ein wichtiger Hafen. Entlang der Küste gibt es schöne Spazierwege, reizvoll sind die Basalthöhlen im alten Hafenbereich **Grófin**. Für Kinder sitzt dort eine alte Trollriesin in einer Höhle, »Skessan i Hellinum« (am Jachthafen, www.skessan.is, tgl. 10–17 Uhr).

Das **Duushús** zeigt Stadtgeschichte und Kunst (Duusgata 2–8, tgl. 12–17 Uhr, www.duusmuseum.is), das **Rokksafn,** das »Rock 'n' Roll-Museum«, präsentiert einheimische Rock- und Pop-Künstler und ihre Musik – sehr interaktiv, auch auf Deutsch (Hjallavegur 2, www.rokksafn.is, tgl. 11–18 Uhr).

Wikingerfestival in Hafnarfjörður

In Njarðvík steht das historische Grassodenhaus **Stekkjarkot** (www.visitreykjanes.is). In der Nähe zeigt das Museum rund um die »Íslendingur« den exakten Nachbau eines alten Wikingerschiffs, das im Jahr 2000 auf Leifur Eirikssons Spuren von Island nach New York segelte (Víkingabraut 1, www.vikingworld.is, tgl. 7–18 Uhr).

RESTAURANTS

Kaffi Duus €€
Café, Restaurant und Pub; die vielfältigen Fischgerichte und der Hafenblick lohnen den Besuch. Tgl. 11–22 Uhr
• Duusgata 10 | Keflavík
   Tel. 421 7080 | www.duus.is

Rain €€
Im Stil der 1950er, doch moderne Küche. Mit Tanzboden und manchmal Livemusik. Tgl 11–01, Fr–Sa 11–03 Uhr
• Hafnargata 19 | Keflavík
   Tel. 420 2700 | www.rain.is

GARÐUR 12 **UND SANDGERÐI** 13 📖 B5
Der kleine ehemalige Fischerort **Garður** besitzt zwei Leuchttürme, die an der Landspitze **Garðskagi** stehen. Dort bietet sich ein herrlicher Blick über die Bucht Faxaflói. Der 1944 errichtete jüngere der beiden Leuchttürme ist mit seinen 28 m der höchste des Landes.

Lohnend ist ein Besuch des **See-fahrts- und Heimatmuseums,** wo neben der beachtlichen Motoren-sammlung auch alte Gebrauchsge-genstände wie Radios oder Kühl-schränke zu sehen sind (facebook.com/byggdasafngardskaga, April bis Okt. tgl. 13–17 Uhr).

Im kleinen **Sandgerði,** einst ein bedeutender dänischer Handels-platz, erinnert am Ortseingang die Eisen-Stahl-Skulptur »Verzaube-rung« an die Vergänglichkeit des Menschen am ewigen Meer. Auch das **Naturhistorische Zentrum** knüpft die Verbindung zwischen Mensch und Natur, vor allem dem Meer und seinen Bewohnern (Garðvegur 1, Mai–Aug. Mo–Fr 10 bis 16, Sa–So 13–17 Uhr, 600 ISK, www.thekkingarsetur.is).

RESTAURANT
Tveir Vitar €
Lecker speisen mit bestem Blick auf »zwei Leuchttürme« – Café und Grill, abends Bar.
• Garðskagi | Garður

GRINDAVÍK 14 📖 B5
Schon die frühen Siedler ließen sich hier nieder, im Mittelalter war der Ort ein wichtiger Handelsplatz, und bis heute verfügt Grindavík über einen bedeutenden Hafen. Im Kulturhaus **Kvíkan**, früher **Salzfischmuseum**, bringen Ausstellungen den Besuchern das Fischeinsalzen ebenso nahe wie die Nutzung von Geoenergie (Hafnargata 12 a, (www.grindavik.is/v/102). Auch Wandern lässt sich hier gut, etwa auf den 243 m hohen Þorbjarnafell.

RESTAURANT
Salthúsið €€€
Die Spezialität des Hauses ist Salzfisch in allen Varianten, doch auch Gerichte mit Lamm stehen auf der Karte.
• Stamphólsvegur 2 | Grindavík
  Tel. 426 9700 | www.salthusid.is

BLAUE LAGUNE 15 ⭐ 📖 B5
Spätestens kurz vor dem Heimflug wird ein Besuch in Islands berühmtestem und teuerstem Badesee auf dem Programm stehen, sanfte weißblaue Fluten inmitten schwarzer Lavalandschaft.

Die *Bláa Lónið,* in den 1970er-Jahren nur das Abwasserbecken des nahen Geothermalkraftwerks, ist heute eine ausgedehnte Badelandschaft samt Wellnessklinik und Hotel. Auch im Winter und bis spät abends kann man im fast 40 °C warmen Nass, das Mineralsalze und Algen enthält, baden oder sich mit Schönheitsanwendungen verwöhnen lassen > **Seitenblick S. 103.**

HOTEL
Hotel Silica €€€
Das Hotel bietet gemütliche Zimmer und sogar eine eigene Lagune.
• Grindavík | Tel. 420 8800
  www.bluelagoon.com

HAFNARBERG 16 📖 B5
Der umschwirrte Vogelfelsen zählt zu den größten seiner Art in ganz Island und ist wohl nur darum nicht so bekannt wie z. B. Látrabjarg in den Westfjorden > S. 86, weil man ihn nur per 40-minütiger Wanderung (ab Kalmanstjörn) erreicht.

BRÜCKE ZWISCHEN DEN KONTINENTEN 17 📖 B5
Das 18 m lange fotogene Stahl-Holz-Bauwerk (Parkplatz an der Straße Nr. 425) überspannt symbolisch den Spalt zwischen eurasischer und nordamerikanischer Kontinentalplatte. Tatsächlich ist die Nahtstelle aber mehr als 5 km breit.

SOLFATARENFELD SELTÚN 📖 B5
Holzstege führen Tag und Nacht frei über blubberndem Schlamm und bunte Mineralkrusten nahe dem See **Kleifarvatn.**

WESTEN

Der alte Leuchtturm von Akranes
an der Bucht Faxaflói

Rau und vielfältig ist der wenig besiedelte Westen Islands mit der Halbinsel Snæfellsnes und dem Gebiet der Westfjorde. Hier punktet die Natur mit Wasserfällen und Gletschern, grünen Hängen neben Lavafeldern, steilen Fjorden und Vogelfelsen.

Zu karg für Landwirtschaft ist es meist, doch ideal für Fischerdörfer, die lange nur übers Meer erreichbar waren: Hier geht Zivilisation fließend in Wildnis über, besonders in den Westfjorden, die ein Zehntel von Islands Fläche ausmachen.

Die Region erstreckt sich im Süden von Akranes am Hvalfjörður bis in den Norden zum Hornbjarg im abgelegenen Hornstrandir. Im Osten reicht sie ins Hochland mit den Gletschern Langjökull und Eiríksjökull, im Westen umfasst sie die Halbinsel Snæfellsnes und das Gebiet der Westfjorde. Die Landschaft ist ungemein abwechslungsreich mit grünen Wiesen, grauen Lavafeldern, schönen, hellen Stränden, Gletschern und den vielleicht schönsten Wasserfällen Islands, Hraunfossar und Dynjandi.

TOUREN IN DER REGION

TOUR
4

ZWISCHEN HVALFJÖRÐUR UND HÚSAFELL

ROUTE: (Reykjavík >) Mosfellsbær > Hvalfjörður > Reykholt > Húsafell > Borgarnes

KARTE: Seite 76
DAUER: 3 Tage
PRAKTISCHER HINWEIS:
• Für diese Tour braucht man einen Pkw, Busverbindungen gibt es nur nach Borgarnes und Reykholt.

TOUR-START:
Etwa 17 km nordöstl. von Reykjavík erreicht man zunächst Mosfellsbær > S. 64 und bald darauf den **Hvalfjörður** C4/5, Islands tiefsten Fjord. Seit ihn ein Tunnel unterquert, geht es um den 30 km langen Fjord herum recht ruhig zu; gemütlich kann man Berge und Wasserfälle bewundern. Am Ostende des Fjords führt ein Wanderweg vom Parkplatz am Fluss Botnsá zum **Glymur** C4, dem höchsten Wasserfall Islands (ca. 4 Std. hin und zurück). In **Miðsandur** gab es einen Stützpunkt der US-Navy, danach eine Walfangstation. An der Nordseite des Fjords in **Saurbær** C4 liegt ein alter Pfarrhof, in dem einst der Psalmendichter Hallgrímur Pétursson tätig war.

Kurz vor Saurbær zweigt die Straße 520 ab, die an einigen Seen vorbeiführt. Nach rund 25 km biegt man auf die Nr. 50 ins langgestreckte fruchtbare Tal Reykholtsdalur ab. Dort führt die Nr. 518 nach Reykholt – doch vorher, nahe dem Abzweig, lockt erst einmal die **Deildartunguhver,** Islands ergiebigste heiße Quelle. In **Reykholt** `3` › S. 80 lässt sich übernachten und am nächsten Tag das Snorri-Museum ansehen. Nachmittags geht es dann weiter nach **Húsafell** `5` › S. 81, wo man übernachtet und anderntags die Lavahöhlen besichtigt. Schließlich führt der Weg nach **Borgarnes** `2` › S. 79, um den Spuren des Sagahelden Egill zu folgen.

AUF DER HALBINSEL SNÆFELLSNES

ROUTE: Borgarnes › Búðir › Snæfellsjökull-Nationalpark › Hellissandur › Stykkishólmur

---

KARTE: Seite 76
DAUER: 2–3 Tage
PRAKTISCHER HINWEIS:
• Für diese Tour kann man auch Linienbusse nutzen.

TOUR-START:

Auf der Südseite der Halbinsel verläuft die Straße 54 von **Borgarnes** `2` › S. 79 aus zunächst durch eine Moorlandschaft: Die Mýrar-Ebene ist ein sehr wasserreiches Gebiet, ein Relikt aus der Eiszeit mit zahlreichen Seen und bekannten Angelflüssen. Wenn nach kurzer Fahrt der 112 m hohe, symmetrisch geformte Ringwallkrater **Eldborg** 📕 B4 am Horizont auftaucht, ist die Halbinsel Snæfellsnes erreicht.

Hinter der Brücke über den Fluss Haffjarðará zweigt rechter Hand die kleine, gut befahrbare Piste 567 ab. Nach ca. 1 km erreicht man nahe des Hofs **Gerðuberg** 📕 B4 eine hohe schwarze Felswand aus unzähligen sechseckigen Basaltsäulen. Etwa 5 km weiter nördlich rauschen mehrere Wasserfälle und ein kleiner Bach. Ein Pfosten markiert die **Rauðamelsölkelda** 📕 B4, eine der größten Mineralquellen Islands.

Beim Hof **Ytri-Tunga** 📕 B4 führt eine kleine Piste zum Meer hinab, wo sich oft Seehunde sonnen. Nördlich von Lýsuvatn liegt der Reiterhof Lýsuhóll. Wer sich anmeldet, kann dort in einem Schwimmbad in temperiertem Sodawasser aus einer nahen Quelle baden (auch Ferienhäuser, Tel. 435 6716, www.lysuholl.is).

Erst 15 km vor **Búðir** `9` › S. 83 nähert sich die Straße wieder der Küste. Hier sind die Sandstrände hell, für Island eher ungewöhnlich. In den kleinen Orten **Arnarstapi** `8` › S. 82 oder **Hellnar** 📕 B4 kann man eine Pause für einen Imbiss einlegen, bevor man in den kleinen Nationalpark mit dem Gletscher **Snæfellsjökull** `6` › S. 81 gelangt. Hier bieten sich immer wieder Abstecher an die Buchten an, wie z. B. nach **Dritvík** 📕 A4. Von **Hellissandur** `7`

ATLANTISCHER

OZEAN

Horni
Hælavíkurbjarg
Hornbjarg
Hornstra
Hornstr
Aðalvík
Sæból Hesteyri
Unaðsdal

Ísafjarðardjúp

Bolungarvík **22**
Suðureyri
Ísafjörður **21** **61**
Þverfell
676
Reykja

60
Þingeyri **20**
Hrafnseyri
19
Dynjandi

Selárdalur
18 Fjallfoss
Bíldudalur **6**
Patreks- **63**
Örlygshöfn fjörður **15** Reykjafjörður **60**
Hvallatur **16** Brjánslækur
17 Breiðavík 420 **14**
Látrabjarg Hnjótur **62**

Flatey

Breiðafjörður

START
6 Br

Stykkishólmur
12
11 Hnjótur
Hellissandur **7** Bjarnarhöfn
10 Ólafsvík
5 **6** Snæfells- Grundarfjörður **54**
1448 ▲ jökull Snæfellsnes
Söng- **9**
Dritvík hellir Búðir
8 Arnarstapi Ytri-Tunga
Djúpalónssandur Hellnar
Malarrif

Faxafló

0 ———— 30 km

N

> S. 82 aus empfehlen sich schöne Wanderungen auf und am Gletscher; dafür sollte man zwei Nächte im Ort bleiben. Sonst fährt man am nächsten Morgen weiter entlang der Nordseite der Halbinsel. Unterwegs lohnen sich Pausen z. B. in **Ólafsvík** 10 › S. 84 oder dem hübsch gelegenen **Grundafjörður** ▮ B4.

Für den direkten Weg nach Stykkishólmur bleibt man auf der Nr. 54, doch kurz hinter Hraunsfjörður lohnt noch ein besonderer Abstecher: Rechts zweigt eine durchaus Pkw-taugliche Piste durch das Lavafeld **Berserkjahraun** ab. Die graugrüne, moosbewachsene Lava hat bizarre Formen gebildet. Die Piste mündet in die Straße Nr. 56, die wieder zur 54 führt. Von ihr zweigt die 58 nach Norden ab; nach 10 km ist **Stykkishólmur** 12 › S. 84 erreicht.

TOUREN IM WESTEN

TOUR ❹

ZWISCHEN HVALFJÖRÐUR UND HÚSAFELL

(Reykjavík ›) Mosfellsbær › Hvalfjörður › Reykholt › Húsafell › Borgarnes

TOUR ❺

AUF DER HALBINSEL SNÆFELLSNES

Borgarnes › Búðir › Snæfellsjökull-Nationalpark › Hellissandur › Stykkishólmur

TOUR ❻

DURCH DIE WESTFJORDE

Stykkishólmur › (Dalir ›) Brjánslækur › Látrabjarg › Dynjandi › Ísafjörður

DURCH DIE WESTFJORDE

ROUTE: Stykkishólmur › (Dalir ›) Brjánslækur › Látrabjarg › Dynjandi › Ísafjörður

KARTE: Seite 76
DAUER: 3 Tage
PRAKTISCHE HINWEISE:
- Planung ist nötig, denn entlang der südlichen Zufahrtsstrecke sind Orte und Supermärkte rar; unbedingt vorher einkaufen und Unterkünfte reservieren, sie könnten ausgebucht sein.
- Auch die Streckenplanung birgt Tücken: Oft erfordern die kurvenreichen Küsten- und Bergstraßen sehr viel mehr Zeit als gedacht.
- Eine Variante der Tour spart die Anfahrt ein: Wer von Reykjavík nach Ísafjörður fliegt und dort einen One-Way-Mietwagen nimmt, fährt die Strecke in umgekehrter Reihenfolge und hat mehr Zeit für den Nordwesten.

TOUR-START:

Ab **Stykkishólmur** 12 › S. 84 gibt es zwei Möglichkeiten, Brjánslækur am anderen Fjordufer zu erreichen.

Etwa 2,5 Stunden ist man mit der Autofähre unterwegs und durchkreuzt dabei die Schärenwelt des **Breiðafjörður** › S. 85, ein wichtiges Brutgebiet von Seevögeln, z. B. Krähenscharben oder Kormoranen. Auf der Insel **Flatey** › S. 85 nisten auch Alpenstrandläufer.

Deutlich länger dauert die Autofahrt auf der Straße 60 durch die Region Dalir nördlich von **Eiríksstaðir** 13 › S. 85. Man sieht viel von der Fjordlandschaft, doch die 250 km ziehen sich gewaltig, denn einige Stücke sind Schotterstraße. Bei Flókalundur verlässt man die Nr. 60 und folgt der Nr. 62. Übernachtet wird in der Nähe der Anlegestelle **Brjánslækur** 14 › S. 85 oder in **Patreksfjörður** 15 › S. 85.

Für die schöne Fahrt nach **Látrabjarg** 17 › S. 86 – ab dem Fjord Patreksfjörður folgt man der Nr. 612 – sollte man einen ganzen Tag einplanen. Tags darauf geht es abwechslungsreich weiter Richtung Norden – hoch auf die Plateaus und anschließend wieder hinunter in die Fjorde. Ein Muss ist der Stopp am **Dynjandi** 19 › S. 86, dem größten Wasserfall der Westfjorde. Aus der Ferne ist seine Fächerform besonders gut zu erkennen. Über **Þingeyri** ◣ B2 geht es nun nach **Ísafjörður** 21 › S. 86, wo man sich von der langen Fahrt erholt und am nächsten Tag den gut erhaltenen historischen Stadtkern zu Fuß erkundet.

WICHTIGE ADRESSEN

Westfjords Tourist Information
- Aðalstræti 7 | 400 Ísafjörður
  Tel. 450 8060 | www.westfjords.is

West Iceland Marketing
- Tourist Information Centre
  Hyrnutorg | Borgarbraut 58–60
  310 Borgarnes | Tel. 437 2214
  www.west.is

UNTERWEGS IM WESTEN

AKRANES 1 📖 B/C4

Hier siedelten zuerst irische Mönche um 880, deshalb steigt jeden Juli das Festival »Írskir dagar«. Von Akranes' Halbinsel bieten gleich zwei Leuchttürme besten Blick auf Reykjavík im Süden. Fischerei und Zementfabrikation prägen die Stadt (6900 Einw.) – das Pfarrhaus in der Skólabraut war 1882 Islands erstes Betongebäude.

Das sehenswerte **Volksmuseum** bietet Einblicke in Geschichte und Alltag der Region, in Tunnelbau und den Sport Islands, mehrere historische Häuschen und original restaurierte Schiffe aus dem 19. Jh, (Garðaholt 3, 15. Mai –15. Sept. tgl. 10–17 Uhr, sonst auf Anfrage, 800 ISK, www.museum.is).

INFO
• Tourist Information
  Leuchtturm, Breiðin | Akranes
  Tel. 894 2500
  www.visitakranes.is
  Sommer tgl. 11–18, sonst Di–Sa 11–17 Uhr

HOTEL
Hótel Glymur €€€
Familiäres Boutiquehotel mit geschmackvollen Zimmern und Aufenthaltsräumen; daneben einzelne Luxus-Hütten. Erstklassiges Restaurant. Schon die Lage mit Blick über den Hvalfjörður lohnt den Aufenthalt.
• An der Nordseite des Hvalfjörður
  nahe der Straße 47
  Tel. 430 3100
  www.hotelglymur.is

BORGARNES 2 📖 C4

An der Mündung des Borgarfjörður liegt das lebendige Städtchen, wo einst auch der Held der mittelalterlichen »Egils Saga« lebte, Egill Skallagrímsson. › mehr S. 15 Punkt ㉓ Viele Straßen sind heute nach Personen aus der Saga benannt, viele Schauplätze noch zu finden. Im Hof **Borg á Mýrum** am Stadtrand etwa lebte Egill als Skaldendichter seit 900 mit seiner Familie, und im Park **Skallagrímsgarður** liegt der Grabhügel von Egills Vater samt Pferd.

Die Details der Saga, das Leben der Siedler und die großen Familienfehden, all das vermittelt multimedial das gut gemachte Museum **Landnámssetur**, das »Siedlungszentrum« (Brákarbraut 13–15, Tel. 437 1600, tgl. 10–21 Uhr, 2500 ISK, www.landnam.is).

INFO
Tourist Information
• Borgarbraut 58–60 | Borgarnes
  Tel. 437 2214
  www.west.is
  Mo–Fr 9–17, Juni–Aug. auch Sa 10–16 und
  So 12–14, Uhr

UNTERKUNFT
Borgarnes B & B €€
Schöne Villa direkt am Meer und doch zentral. Geschmackvoll ausgestattet, Frühstück wird angeboten.
• Skúlagata 21 | Borgarnes
  Tel. 848 1129 oder 779 1879
  www.borgarnesbb.is

RESTAURANTS

Restaurant Landnámssetur €€
Gemütliches Museumsrestaurant mit typisch isländischer Küche. Beliebt ist das Mittagsbüffet mit Suppe, Salat und Brot. Tgl. 10–21 Uhr
• Brákarbraut 13–15 | Borgarnes
  Tel. 437 1600

Hyrnan €
Für jeden Hunger und fast zu jeder Zeit kommt man als Fast-Food-Freund hier auf seine Kosten. Tgl. 11–22 Uhr.
• Brúartorg | Borgarnes | Tel. 437 1282

REYKHOLT 3 C4

Hier wohnte von etwa 1200 an Snorri Sturlurson, Verfasser der »Prosa-Edda« und der »Heimskringla«, der Geschichte der norwegischen Könige. Gleich zweimal hatte er das damals wichtigste Staatsamt des Gesetzessprechers auf dem Alþing in Þingvellir inne. Gefolgsleute des norwegischen Königs ermordeten Snorri 1241. Über Snorri und sein Werk informiert das Museum **Snorrastofa** › Info unten. Berühmt ist auch sein von Steinen eingefasster Badeplatz, der **Snorralaug.** Im Juli findet in der charmanten **Kirche** von Reykholt ein Klassik-Musikfestival statt (www.reykholtshatid.is).

INFO

Tourist Info & Museum Snorrastofa
• Reykholt | Tel. 433 8000
  www.snorrastofa.is
  April–Sept. tgl. 10–18, sonst Mo–Fr 10 bis 17 Uhr, Museum 1200 ISK

HOTEL

Fosshotel Reykholt €€€
Einziges Hotel im Ort, charmantes 3-Sterne-Haus mit Restaurant, eingerichtet nach der nordischen Mythologie.
• 320 Reykholt
  Tel. 435 1260
  www.fosshotel.is

Die Hraunfossar im Reykholtsdalur kommen aus der Mitte einer Lavawand heraus

HRAUNFOSSAR ⁴ ⭐ 📖 C4

Zu Islands schönsten Fällen zählen die »Lava-Wasserfälle« östlich von Reykholt an der Straße 518. Aus Löchern im Uferhang schäumt Flusswasser, besonders schön im Herbst.

Westlich von Reykholt speist die unscheinbare **Deildartunguhver,** Europas wasserreichste Heißquelle, das Geothermalbad **Krauma** direkt daneben › S. 103.

HÚSAFELL ⁵ 📖 C4

In diesem Erholungsort wartet ein besonderes Abenteuer: die Expedition zu den **Lavahöhlen** Surtshellir, Stefánshellir und Viðgelmir (www.thecave.is).

Nördlich liegt Islands einzige grüne Hochebene, **Arnarvatnsheiði,** voller Moore, Seen und reicher Fauna – Richtung Süden erstreckt sich Islands zweitgrößter Gletscher, der **Langjökull.** Tunnel führen rund 500 m tief ins Gletschereis hinein (www.intotheglacier.is).

INFO
Húsafell Tourist Info
Reitausflüge und Tourenangebote; auch Vermietung von Ferienhäusern, Schlafsack-unterkünften und Campingplätzen.
• Húsafell | Tel. 435 1550 | www.husafell.is

HOTEL
Hotel Húsafell €€€
In allen Zimmern des gemütlichen Hotels im Grünen hängen Arbeiten des örtlichen Künstlers Páll Guðmundsson.
• Ásendi 12 | Húsafell | Tel. 435 1551
  www.hotelhusafell.is

HALBINSEL SNÆFELLSNES ⭐ 📖 A4–B3/4

»Klein-Island« heißt die lange Landnase auch, bietet sie doch fast die ganze Geologie Islands. Lavafelder und Rhyolithfelsen, Vogelklippen und Sandstände, Höhlen und Heißquellen, Wildnis und trubelige Fischerdörfer. Literarisch verewigt ist sie, lange vor Jules Verne und Halldór Laxness, in der »Laxdæla Saga« aus dem 13. Jh.

SNÆFELLSJÖKULL-NATIONALPARK ³ ⁶ 📖 A4

Hauptanziehungspunkt der Halbinsel ist der Nationalpark mit dem Gletscher **Snæfellsjökull,** zugleich einer der schönsten Vulkane des Landes. Man sagt dem archetypischen Vulkankegel energetische Kräfte nach › Seitenblick S. 83.

Nicht weniger reizvoll ist die Westküste mit Stränden, an denen man Zeugnisse vergangener Tage findet, als hier intensiv Fischerei betrieben wurde. Der Leuchtturm von **Malarrif** markiert den südlichsten Punkt der Halbinsel, im Osten liegen die Vogelfelsen von **Þúfubjörg,** im Norden das Lavafeld Neshraun. Allein kann man bis zum oberen Vulkansattel wandern, weiter geht es nur mit geführten Touren.

INFO
Besucherzentrum
Das Zentrum mit einem Café liegt bei Mallarrif. Auch Ausstellungen.
• Tel. 436 6860 | www.ust.is/snaefellsjokull
  Mai–Okt. tgl. 10–17, sonst Mo–Fr 11–16 Uhr

HELLISSANDUR 7 📕 A4

Hellissandur war um 1700 ein bedeutender Handelsplatz; einige Exponate in dem liebevoll gestalteten **Fischereimuseum** zeugen davon (Utnesvegur, Tel. 844 5969, Sommer tgl. 10–17 Uhr). Heute ist der kleine Ort ein ideales Standquartier für die Erkundung des Nationalparks.

UNTERKUNFT

The Freezer Hostel €
Nicht nur ein fantasievoll und originell ausgestattetes Hostel, sondern auch Kulturzentrum und Kino für die Umgebung.
• Hafnargata 16 | Ríf | Tel. 833 8200
   www.thefreezerhostel.com

ARNARSTAPI 8 UND HELLNAR 📕 B4

Am Hafen der Siedlung »Adlerfelsen« hat das Meer die malerischen, fast senkrecht abfallenden und mehr als 20 m hohen Klippen zu bizarren Figuren geformt.

Die fast 6 m hohe Lavastein-Skulptur *Bárður Snæfellsás* von Ragnar Kjartansson erinnert an den gleichnamigen sagenhaften Riesen.

Einst waren die Zwillingsdörfer wichtige Handelshäfen, heute ist hier nur noch zur Kabeljauzeit Betrieb. Touristen dienen sie als Startpunkte für Wanderungen entlang der Küste und zum Snaefellsjökull (z. B. mit www.theglacier.is).

Sehenswert ist auch die **Sönghellir**, erreichbar mit Allradwagen über die Piste Jökulsháls (570, › S. 83). Die »Gesangshöhle« überrascht mit einer hervorragenden Akustik sowie mit den in den Fels geritzten Figuren und Buchstaben aus den vergangenen 500 Jahren. Die einstige

---

💬 **DER SNÆFELLSJÖKULL – EIN ZAUBERBERG?**

Esoteriker vermuten in ihm eines der wichtigsten der sieben weltweiten Kraftzentren, das Herz-Chakra der Erde, an dem sich viele Energiebahnen treffen. Schon in den Sagas wurde geschrieben, dass alle, die den Berg einmal gesehen haben, wieder zu ihm zurückkehren. Jules Vernes Helden reisen durch den Krater des »Sneffels Yocul« zum Mittelpunkt der Erde, und in gleich zwei Romanen von Halldór Laxness, »Am Gletscher« und »Weltlicht«, ist der Berg Schauplatz. Viele Bewohner der Snæfellsnes-Halbinsel glauben, dass auf seinem Gipfel mehrere Hundert Meter hohe Lichtgestalten wohnen. Und natürlich leben in den Lavafeldern Elfen und Trolle …

So oder so kann man den Snæfellsjökull als magischen Berg sehen. Das Nationalpark-Komitee hat 2001 ganz klar die zauberhafte Natur und Umwelt für schützenswert erklärt. Und neben der Flora und Fauna und den skurrilen Lavaformen zieht das Aussehen des Vulkans seine Betrachter in den Bann: Psychologen erklären, dass die ausgewogen symmetrische Form eines Kegelgipfels auch rational denkende Menschen fasziniert. Übrigens bietet Island gleich vier Berge namens Snæfell, »Schnee-Berg«, deshalb heißt dieses Exemplar sicherheitshalber Snæfellsjökull: »Schnee-Berg-Gletscher«.

Arnarstapi liegt unterhalb des kegelförmigen Stapafell, einem Brutplatz für Seeadler

Wasserhöhle Baðstofa am Weiler **Hellnar** ist leider bis auf einen Basaltbogen eingestürzt.

HOTEL

Arnarstapi Center
Hótel & Cottages €€–€€€
Helles Hotel, Gästehaus, Designerhütten, Campingplatz und Restaurant, idyllisch zwischen Berg und Meer.
• Arnarstapi | Tel. 435-6783
  www.arnarstapicenter.is

RESTAURANT

Café Fjöruhúsið €
Nette Adresse für Snacks und Kuchen. Im Sommer tgl. 11–22 Uhr.
• Arnarstapi | Tel. 435 6844

SNÆFELLSJÖKULL-PISTE 570 ▮ B4

Per Allradfahrzeug kann man ca. 1 km nördlich von Arnarstapi die Piste 570 (*Kýrskarðvegur* zum Jökulshals) nach Ólafsvík ‣ S. 84 bis dicht an den Gletscherrand auf eine Höhe von fast 700 m befahren. An klaren Tagen bieten sich tolle Ausblicke bis zum Vogelfelsen Látrabjarg an den Westfjorden.

BÚÐIR 9 ▮ B4

Von Fischern und Händlern, die mit ihren Hütten – »Buden« – jahrhundertelang den Ort bevölkerten, blieb nur die schwarze Holzkirche. Der Strand mit warmem, rotgelbem Muschelsand ist ebenso einen Stopp wert wie das Lavafeld Búðahraun mit der bizarr aufgewölbten Lavahöhle Búðahellir und den seltenen Pflanzen, die dort wachsen, darunter bis zu 3 m große Farne.

HOTELRESTAURANT

Hotel Búðir €€€
Außen einem traditionellen Hof nachempfunden, innen schlicht elegant, liegt es mitten in der Natur. Das Restaurant gehört zu Islands besten.
• Búðir | 356 Snæfellsnes
  Tel. 435 6700 | www.hotelbudir.is

ÓLAFSVÍK 10 📖 B4

Schon im 17. Jh., als die Dänen über Island herrschten, befand sich hier, wo heute ca. 1000 Menschen wohnen, ein Handelsstützpunkt. Aus der Mitte des 19. Jhs. hat sich das historische Packhaus erhalten, das ein sehenswertes **Heimatmuseum** sowie die Touristen-Info birgt. Zudem wartet Ólafsvík mit Schwimmbad und Golfplatz auf.

INFO

Tourist Info
• Kirjutún 2 | Ólafsvík | Tel. 436 6929
  Im Sommer tgl. 9–19 Uhr

GRATIS ENTDECKEN

• Reykjavík hat zwei sehr interessante **Skulpturengärten** mit Werken von Ásmundur Sveinsson und von Einar Jónsson. Viele weitere Arbeiten der beiden Künstler sind im ganzen Land vertreten > S. 60.
• Die Aussichtsterrasse von **Perlan** > S. 61 steht ganzjährig und v. a. auch abends zur Verfügung. Bei schönen Wetter blickt man bis zum Snæfellsjökull.
• **Busrundfahrt** Gut, man muss die Reykjavík City Card > S. 62 dafür kaufen, doch dann kann man quasi gratis erkunden, wie groß die Stadt ist, und vor allem auch die Peripherie kennenlernen.
• Kostenlos zugänglich sind auch die wunderschönen **Botanischen Gärten** in Reykjavík > S. 61 und in Akureyri > S. 97.

BJARNARHÖFN 11 📖 B4

Hier steht eine der ältesten Holzkirchen Islands (1856) mit einem sehr schönen Altargemälde. Auf dem Bauernhof, der Ursprung der Siedlung war, kann man nachvollziehen, wie *hákarl* produziert wird, fermentierter Hai (Tel. 438 1581, www.bjarnarhofn.is). > mehr S. 14 Punkt 14

STYKKISHÓLMUR 12 📖 B3

Der größte Ort auf Snæfellsnes mit seinem malerischen Hafen und den liebevoll restaurierten Häusern ist ein guter Ausgangspunkt für Touren auf die Halbinsel oder in die Breiðafjörður-Bucht.

Das *Norska Husið* von 1828 beherbergt das **Heimatmuseum** (Hafnargata 5, www.norskahusid.is, 1250 ISK, Mai–Aug. tgl. 10–17, sonst Mo–Fr 9–16, Sa 9–12.30 Uhr), die futuristische **Stykkishólmskirkja** bietet im Sommer auch Klassikkonzerte (Borgarbraut, tgl. 10 bis 17 Uhr), und das **Vulkanmuseum** *Eldfjallasafn* organisiert auch Geo-Touren in die Region (Aðalgata 8, www.eldfjallasafn.is, 1000 ISK, Mai bis Sept tgl. 10–17, sonst Mo–Fr 9–16, Sa 13–16 Uhr).

Südlich erhebt sich der 73 m hohe heilige Berg **Helgafell**. Auf ihm gehen laut Legende Wünsche in Erfüllung, besteigt man ihn schweigend und nur geradeaus schauend, neigt sich dann gen Osten und flüstert unhörbar das Gewünschte.

INFO

Tourist Information
• Borgarbraut 4 | Stykkishólmur
  Tel. 433 8120 | www.west.is | tgl. 9–17 Uhr

VERKEHR

Von Stykkishólmur via Flatey nach Brjánslækur mit der Autofähre »Baldur« (Juni bis
Aug. tgl. 9 und 15.45 Uhr, sonst Di, Fr zweimal, Mo, Mi, Do, So einmal tgl. Reservieren
unter Tel. 433 2254 oder am Hafen, www.
seatours.is.

UNTERKÜNFTE

Fosshótel Stykkishólmur €€€
Hell-modernes 4-Sterne-Haus mit Fjordblick und sehr gutem Restaurant.
• Borgarbraut 8 | Stykkishólmur
  Tel. 4 30 21 00 | www.fosshotel.is

Bænir & brauð €€
Familiär stilvolles B & B, mit bestem Blick
über Ort und Meer.
• Aðalgata 7 | Stykkishólmur
  Tel. 831 1806 | www.baenirogbraud.is

RESTAURANT

Sjávarpakkhusið €€–€€€
Direkt am Hafen bietet die einstige Fisch-
packerei nun moderne und sehr beliebte
isländische Kreationen.
• Hafnargata 2 | Stykkishólmur
  Tel. 438 1800 | www.sjavarpakkhusid.is

EIRÍKSSTAÐIR 13 📱 C3

Im Tal Haukadalur an der Straße
Nr. 586 stand einst der Hof von Erik
dem Roten. Rund um ein nachge-
bautes Torfhaus mit Grassodendach
wird die Geschichte des Wikingers
und seines Sohnes Leifur Eiríksson
spannend dargestellt. Auch Schauspieler und Aktivitäten machen die
damalige Zeit lebendig. Leifur
Eiríksson, der als Entdecker Nord-
amerikas gilt, wurde im 10. Jh. in
diesem Tal geboren (Juni–Aug. tgl.
9–18 Uhr, www.eiriksstadir.is).

WESTFJORDE

FLATEY 📱 B3

Das autofreie Inselchen, auf dem die
Fähre durch den **Breiðafjörður** einen Zwischenstopp einlegt, wirkt
mit seinen alten, bunten Häusern,
als sei die Zeit stehengeblieben.
Hier steht auch Islands älteste und
kleinste Bibliothek. Die Wanderung
rund ums Eiland dauert 2 Std.

HOTEL

Hótel Flatey €€€
Charmantes Sommerhotel mit 7 Zimmern
und schönem Ausblick über Insel und
Fjord, mit Restaurant
• Pákkhus im Dorfkern | Tel. 4 22 76 10
  nur Juni–Aug. | www.hotelflatey.is

BRJÁNSLÆKUR 14 📱 B3

Nahe dem Fährhafen liegen die
Ruinen von **Flókatóttir**, angeblich
die erste Unterkunft des Entdeckers
Flóki Vílgerðarson › S. 38.

HOTEL

Flókalundur €€€
Schön gelegenes Hotel im Bungalowstil,
Campingplatz in der Nähe. 10. Mai–20. Sept.
• 6 km nördlich von Brjánslækur
  Tel. 456 2011
  www.flokalundur.is

PATREKSFJÖRÐUR 15 📱 A3

Der größte Ort der südlichen Westfjorde liegt am Nordufer des gleichnamigen Fjordes. Benannt ist er
nach dem Heiligen Patrick von Ir-
land, in Anlehnung an frühe irisch-
keltische Siedler – vielleicht bauten
sie hier im 18. Jh. Islands erste Kar-
toffeln an. Heute ist Patreksfjörður

ein wichtiger Anlaufpunkt für Reisende und Ausgangspunkt für Wanderungen.

UNTERKUNFT

Stekkaból €

Beliebtes Gästehaus, mit 21 Zimmern eines der größeren am Ort.

• Stekkar 19 und 21 | Patreksfjörður
  Tel. 864 9675 | www.stekkabol.net

RESTAURANT

Stúkúhusið €€

Kleines, feines Café und Restaurant, bekannt auch für seine Fischgerichte. Im Sommer tgl. 11–23 Uhr

• Aðalstræti 50 | Patreksfjörður
  Tel. 456 1404

HNJÓTUR 16

Hier lohnt das liebevoll schräge Privatmuseum **Minjasafn Egils Ólafssonar** mit Sammlungen zum Fischfang, zur Schiff- und sogar zur Luftfahrt einen Besuch (Tel. 456 1511, Mai–Sept. tgl. 10–18 Uhr, 1000 ISK, www.hnjotur.is).

LÁTRABJARG 17 ⭐ 4 📖 A3

Europas westlichster Punkt ist zugleich einer der spektakulärsten Vogelfelsen Islands. Bis zu 450 m stürzen die Klippen hier in die Tiefe; die Küstenlinie ist mehr als 14 km lang. Die größte Tordalkenkolonie der Welt hat sich hier eingenistet; schätzungsweise 5 Mio. Trottellummen bewohnen den Felsen, zudem Hunderttausende von Papageitauchern und Möwen aller Art. Beste Besuchszeit ist morgens oder abends, wenn die Tiere nicht zur Futtersuche auf dem Meer sind.

HOTEL

Hótel Látrabjarg €€€

Schlichtes, familiengeführtes Sommerhotel, zehn Fußminuten vom Vogelfelsen. Nur 15. Mai–15. Sept.

• Tel. 456 1500
  www.latrabjarg.com

BÍLDUDALUR 18 📖 B2

In dem hübschen Örtchen startete einst Islands erstes Dampfschiff. Es gibt auch ein **Seemonster-Museum** (www.skrimsli.is) und 25 km entfernt den skurrilen Skulpturenpark **Listasáfn Samúels** (www.samueljonssonmuseum.jimdo.com).

DYNJANDI 19 ⭐ 📖 B2

Schon die Anfahrt über die Hochebene **Dynjandisheiði** ist ein Erlebnis, doch dann erst recht der Anblick des höchsten und größten Wasserfalls der Westfjorde. »Der Donnernde« ist ein treffender Name für die 186 m tief fallenden Wassermassen, die sich über sieben Kaskaden fächerförmig ausbreiten.

HRAFNSEYRI 20 📖 B2

Der Pfarrhof am Arnarfjördur, Geburtsplatz des Unabhängigkeitskämpfers Jón Sigurdsson, ist heute Gedenkstätte, Museum und beliebtes Besuchsziel (Tel. 456 8260, Juni bis 8. Sept. tgl. 11–18 Uhr, Eintritt frei, www.hrafnseyri.is).

ÍSAFJÖRÐUR 21 📖 B2

Einer der besten Naturhäfen ganz Islands ließ die lebendige und doch entspannte Stadt zum Versorgungs- und Verwaltungszentrum der ganzen Westfjord-Region aufsteigen.

Der erste Hof stand hier im 9.Jh., ab 1569 siedelten sich erste Kaufleute an, aus jener Zeit stammt der historische Stadtkern. Das älteste Haus Islands, das *Tjöruhús* von 1734, beherbergt mit seinen Nachbarhäusern heute das **Seefahrts- und Heimatmuseum** der Westfjorde, *Neðstikaupstaður*. Hier wird das harte Leben der Walfänger und der Salzfischära vorstellbar. Besonders lebhaft geht es viermal im Jahr zum Salzfischfest zu (Neðstakaupstað 7, Tel. 456 3291, 15. Mai–Sept. tgl. 9 bis 17 Uhr, 1300 ISK, www.nedsti.is).

Die steilen Hänge seiner Bucht machen Ísafjörður im Winter zum beliebten Skizentrum und locken im Sommer Aktivtouristen.

Papageitaucher am Látrabjarg

INFO

Tourist Information
- Aðalsstræti 7 | Ísafjörður
  Tel. 450 8060
  www.westfjords.is
  www.isafjordur.is
  Juni–Mitte Sept. Mo–Fr 8–18, Sa/So 10–14, sonst Mo–Fr 8–16 Uhr

VERKEHR

- **Flughafen Ísafjörður:** Erreichbar ab Stadtmitte mit dem Bus. Täglich Linienflüge nach Reykjavík (Air Iceland, Tel. 456 3000, www.airiceland.is).
- Touren und Fähren nach Hornstrandir › S. 88 bieten **Sjóferðir** (www.sjoferdir.is) und **Vesturferðir** (www.westtours.is).

💬 VOGELKOLONIEN VON OBEN NACH UNTEN

Am Látrabjarg ist sie gut zu sehen, die ungeschriebene Ordnung an hohen Vogelklippen – was auf den ersten Blick wie großes Chaos wirkt, entpuppt sich als sinnvolle Aufteilung. Die Höhenlage jeder Art ist angepasst an ihre Bedürfnisse für Nestbau und Brutpflege. So benötigen Mantel- und Silbermöwen zum Brüten grasbedeckte Hochflächen, weswegen sie in der obersten Etage nisten. Papageitaucher graben dagegen lange Bruthöhlen in die Erde – das ideale Gelände finden sie ein Stockwerk unter den Möwen. Es folgen die Eissturmvögel, die Tordalken und Trottellummen – vor allem die beiden Letzteren können beim Landeanflug schlecht manövrieren und sind so auf breite Felsvorsprünge angewiesen. Ganz unten logieren die Dreizehenmöwen und die Gryllteisten, die es so nicht weit zu den Fischgründen im Meer haben.

UNTERKUNFT

Gistiheimili Áslaugar €€−€€€

Gästehaus mit Tradition: Nächtigen in einem der ältesten Häuser der Stadt und inzwischen auch in einem zweiten Gebäude.

• Austurvegur 7 | Ísafjörður
  Tel. 899 0742 | gistias@snerpa.is

RESTAURANTS

Við Pollinn €€−€€€

Gute Fisch- und Lammküche. Im Sommer Mo−Fr 11−21, Sa/So 18.30−21 Uhr, im Winter kürzer, So geschl.

• im Hótel Ísafjörður | Silfurtorg 2
  Tel. 456 3360
  www.vidpollinn.is

Tjöruhúsið €€−€€€

Spezialität des Hauses ist sein ausgezeichnetes Fischbüfett. Man sitzt an langen Tischen in dem alten, urigen Haus. Ostern bis Nov. tgl. 12−14 und 19−22 Uhr

• Neðstikaupstaður (Museum)
  Tel 456 4419
  www.facebook.com/Tjoruhusid

AUSFLUG NACH BOLUNGARVÍK 22 ◼ B2

Die nördlichste »Stadt« der Westfjorde war sehr lange eine von Islands größten Fischfangstationen und ist erst seit 1950 per Straße erreichbar. Den rauen Alltag der Fischer schildert unterwegs das **Freiluftmuseum** *Sjóminjasafnið* in Ósvör (Tel. 892 5744, 1000 ISK, www.osvor.is, Juni−Mitte Aug. Mo bis Fr 9−17, Sa/So 10−17 Uhr).

HORNSTRANDIR 23 ◼ B1−C2

Das obere Ende der Westfjorde lockt Menschen, die Natur in absoluter Einsamkeit suchen, manche sogar im Winter. Ist man individuell unterwegs, trifft man eher einen Polarfuchs als andere menschliche Wesen. Die 580 km² große Halbinsel ist seit 1975 Naturschutzgebiet und kann nur per Schiff oder mit einem mehrtägigen Fußmarsch über Land erreicht werden.

Attraktiv für Kurzbesuche sind die bis zu 500 m hohen Vogelklippen in der Bucht Hornvík und das Geisterdorf Hesteyri. Ausgangspunkt für kurze oder lange Touren ist fast immer Ísafjörður, im Sommer fahren regelmäßige Boote (Sjóferðir, www.sjoferdir.is, und Vesturferðir, www.westtours.is).

Das Polarfuchszentrum organisiert auch geführte Touren nach Hornstrandir mit Fokus auf Füchse (www.melrakki.is).

FJORDE SÜDÖSTLICH VON ÍSAFJÖRÐUR ◼ B2

Eine kurvenreiche Straße erschließt die sechs malerischen Fjorde, mit besten Ausblicken auf den großen Ísafjarðardjúp und die Eidernenteninsel **Æðey**. Einen Stopp wert ist das Polarfuchszentrum **Melrakkasetur**, in Súðavík (Tel. 456 4922, www.melrakki.is, 1200 ISK, Sommer tgl. 9−18, Mai und Sept. tgl. 10 bis 16, sonst Mo−Fr 10−14).

REYKJANES 24 ◼ B2

Auf der letzten Halbinsel zwischen den kleinen Fjorden führt eine Rundwanderung zu heißen Quellen, teilweise direkt am Strand. Das kleine Ferienzentrum besitzt einen heißen 50-Meter-Pool mit einzigartiger Aussicht.

HOTEL

Reykjanes €€

Schlichtes Hotel mit Landschulheimatmosphäre, Apartments, Hostel sowie Campingplatz in der Natur. Gutes Restaurant.
• Straße 634 | Tel. 456 4844 | www.rnes.is

HÓLMAVÍK 25 📖 C2

Die Hexenverfolgung in Island im 17. Jh. wütete vor allem in den Westfjorden. Die meisten Getöteten waren Männer.

Kein Wunder, dass Hólmavík, das Zentrum der Region Strandir, Sitz des einzigen **Hexenmuseums** Islands ist. Es versammelt Totenschädel und allerlei magische Utensilien und Mittelchen und gibt Aufschluss über verfolgte Familien und auch über die Verfolger. Zum Museum gehört ein kleines Restaurant (Höfðagata 8–10, Tel. 857 6525, Mo bis Fr 12–18, Sa–So 13–18 Uhr, 950 ISK, www.galdrasyning.is).

INFO

Tourist Information
• Museum | Höfðagata 8–10
  Hólmavík | Tel. 451 3111
  www.holmavik.is/info
  Im Sommer tgl. 9–18 Uhr

HOTEL

Steinhúsið €

Das älteste Steinhaus des Ortes, erbaut 1911, ist heute ein gemütliches Gästehaus mit einfachen Zimmern und auch Apartments.
• Höfðagata 1 | Hólmavík
  Tel. 856 1911
  www.steinhusid.is

RESTAURANT

Café Riis €–€€

Beliebtes Restaurant, Kulturzentrum und abends eine Bar. Am Wochenende Livemusik. Tgl. 11.30–21 Uhr.
• Hafnarbraut 39 | Hólmavík
  Tel. 451 3567 | www.caferiis.is

Frühling auf der Hornstrandir-Halbinsel

AKUREYRI
& DER NORDEN

Am Eyjafjörður nahe Akureyri

Pferdezucht und Heringsnostalgie, Walhauptstadt und kochende Unterwelten, Schachspiel, Literatur und weite Einsamkeit: Islands Norden ist mindestens so spannend wie der Süden – aber anders.

Grüne Hügel und lang gezogene Fjorde, gerahmt von schneebedeckten Bergen, aber auch fruchtbare Ebenen, darin eingestreut wie Farbkleckse Gehöfte oder Siedlungen – all das ist der Norden Islands. Dazu zählen auch die beeindruckende Lavawelt am Mývatn und Wasserfälle wie der Dettifoss. Die Hauptstadt der Region ist Akureyri, das sich selbstbewusst »Perle des Nordens« nennt. Interessant ist auch das historische Erbe, sei es in Siglufjörður, wo Islands Heringsboom seinen Anfang nahm, oder in Hólar, dem früheren zweiten Bischofssitz.

TOUREN IN DER REGION

TOUR
7

RUND UM DIE VATNSNES-HALBINSEL

ROUTE: Hvammstangi › Hvítserkur › Borgarvirki › Þingeyrar › Blönduós

KARTE: Seite 92
DAUER: 1 Tag
PRAKTISCHER HINWEIS:
- Verpflegung bekommt man nur in den Orten. Für die Tour braucht man einen Pkw.

TOUR-START:

Diese Region punktet mit großflächigen Weiden, Moorlandschaften und einer reizvollen Küste, die zur Beobachtung von Vögeln und Robben einlädt. In **Hvammstangi** 🟧17 › S. 110 kann man sich über die Bedeutung der Robben für die Wirtschaft in früheren Zeiten informieren; entlang der Küsten der Halbinsel Vatnsnes leben heute große Seehund- und Robbenkolonien.

Die Fahrt geht entlang der oft nur geschotterten Straße 711 nach Norden, um die Halbinsel herum, zwischen bleichem sibirischem Treibholz und markanten Basaltbergen. Dann dreht die Straße zurück Richtung Süden, entlang der milderen Ostküste mit Blick auf die große Salzlagune Hóp. Die bizarre Felsformation **Hvítserkur** › S. 110 ist bei Vögeln und Fotografen gleichemaßen beliebt. Weiter auf der Nr. 717 nach Südosten passiert man den Basaltring **Borgarvirki** 🟦 C3, bis nach rund 80 km wieder die Ringstraße erreicht ist. Rund 15 km weiter lockt ein Abstecher auf der Nr. 721 zur alten Kirche von Þingeyrar █ D3, beeindruckend auch mit ihrem Sternenhimmel im Inneren (Juni–Aug. tgl. 10–17 Uhr).

Zurück auf der Ringstraße sind es dann noch rund 20 km bis **Blönduós** 16 > S. 110.

VOM SKAGAFJÖRÐUR NACH AKUREYRI

ROUTE: Blönduós › Glaumbær › Sauðárkrókur › Hólar › Hofsós › Siglufjörður › Ólafsfjörður › Dalvík › Akureyri

KARTE: Seite 92
DAUER: mindestens 3 Tage
PRAKTISCHE HINWEISE:
• Am einfachsten lässt sich diese Tour mit dem Pkw gestalten.
• Bei guter Planung ist sie jedoch auch mit dem Bus machbar: Es gibt Verbindungen z. B. zwischen Varmahlíð und Sauðárkrókur oder von dort nach Siglufjörður.

TOUR-START:
Die Tour führt auf der Ringstraße zunächst südlich an der Halbinsel Skági vorbei – wer sie erforschen will, sollte einen Extratag einplanen.

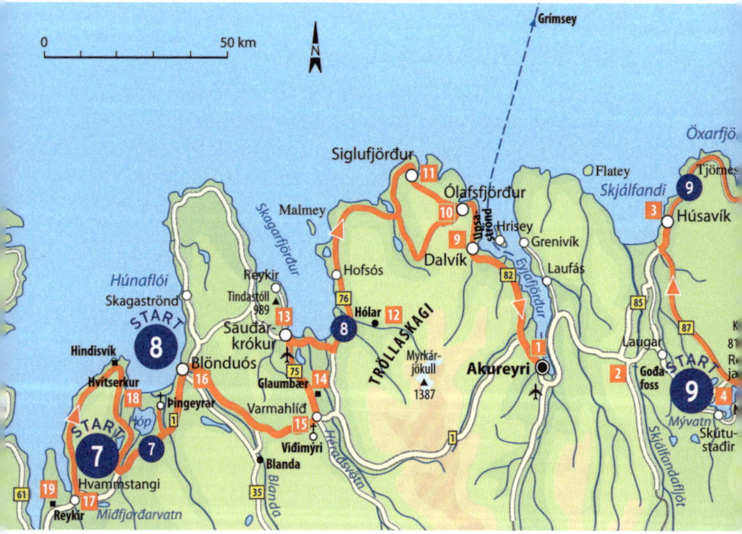

Den besonderen Reiz dieser Fahrt machen – neben den großen Fjorden Skagarfjörður und Eyjafjörður sowie der Berglandschaft von Tröllaskagi dazwischen – die

vielen historischen Stätten aus. Schon die erste Station etwa 55 km hinter **Blönduós** 16 › S. 110, der alte Museumshof **Glaumbær** 14 › S. 109, hat eine lange Tradition. Um das Jahr 1000 lebte hier die wohl bedeutendste Frau der damaligen Zeit, Guðríður Þorbjarnardóttir. Den Hof erreicht man über die Straße Nr. 75.

Sauðárkrókur 13 › S. 108 lohnt wegen seiner alten Häuser aus dem 19. Jh. einen Stopp. Weiter geht es auf der Nr. 75 in Richtung Osten, dann nach Norden auf der Nr. 76 bis zum Abzweig Nr. 767, der nach **Hólar** 12 › S. 107 führt. Hier kann man übernachten, die Kirche, das Nationale Pferdemuseum und die Umgebung erkunden.

Zurück auf der Nr. 76 gelangt man nach rund 15 km nach **Hofsós** 📖 D2, wo sich ein interessantes Museum über die isländischen Auswanderer im 19. Jh. befindet (Juni–Aug. 11–18 Uhr, www.hofsos.is). Immerhin 16 000 Isländer starteten damals in die »Neue Welt«.

Dann folgt die Straße etwa 60 km der Küste um die Nordspitze der Tröllaskagi herum. Je weiter nördlich, desto dramatischer die Landschaft. Schließlich öffnet sich hinter einem Tunnel der Blick auf das von Bergen umrahmte **Siglufjörður** 11 › S. 106 am Meer. Der Ort lohnt einen ausgiebigen Stopp.

Danach führt der Weg seit 2006 durch zwei lange Tunnel nach Osten. Im Sommer lohnt aber auch die 38 km lange Fahrt auf der alten Bergstraße Nr. 82, die bei reizvollem Panorama über einen 400 m hohen Pass nach **Ólafsfjörður** 10 › S. 106 führt. Dort lockt unter anderem Islands höchste Steilklippe, Hvanndalabjarg.

TOUREN IM NORDEN

TOUR 7

RUND UM DIE VATNSNES-HALBINSEL

Hvammstangi › Hvítserkur › Borgarvirki › Þingeyrar › Blönduós

TOUR 8

VOM SKAGAFJÖRÐUR NACH AKUREYRI

Blönduós › Glaumbær › Sauðárkrókur › Hólar › Hofsós › Siglufjörður › Ólafsfjörður › Dalvík › Akureyri

TOUR 9

WALE & WASSERFÄLLE

Mývatn › Húsavík › Tjörnes › Ásbyrgi › Dettifoss › Mývatn

Am nächsten Tag verläuft die Tour auf der Straße 82 die **Steilküste Upsaströnd** entlang, vorbei an verlassenen Bauernhöfen. Unterwegs begeistern immer wieder tolle Ausblicke auf den Eyjafjörður und die Insel Hrísey. **Dalvík 9** ▶ S. 105 lädt zu einem weiteren Stopp: für Besichtigungen, ein Bierbad oder um die leckeren Krabben zu testen.

Fast den gesamten Eyjafjörður fährt man danach ab, bis man schließlich, die letzten Kilometer wieder auf der Ringstraße, **Akureyri 1** ▶ S. 95 erreicht. Der »Perle des Nordens« und ihrer Umgebung sollte man einige Tage widmen.

TOUR 9

WALE & WASSERFÄLLE

ROUTE: Mývatn › Húsavík › Tjörnes › Ásbyrgi › Dettifoss › Mývatn

KARTE: Seite 92
DAUER: 1 Tag
PRAKTISCHE HINWEISE:
- Diese Tour lässt sich sowohl mit dem Pkw als auch per Bus machen (www.sba.is).
- Wer sehr früh losfährt, kann in Húsavík einen ca. dreistündigen Whalewatching-Ausflug in den Tag integrieren (mehrere Anbieter, erste Fahrten ab ca. 9 Uhr).
- Alternativ kann man auch in Húsavík übernachten und am nächsten Tag das Walmuseum besuchen.

TOUR-START:

Die Straße Nr. 87 vom **Mývatn 4** ▶ S. 100 zur Bucht Skjálfandi führt durch ein landwirtschaftlich genutztes Gebiet, begünstigt durch die dort vorkommenden warmen Quellen. **Húsavík 3** ▶ S. 100, Islands Walhauptstadt mit Museum und Beobachtungsfahrten, ist ein Pflichtstopp. Von Húsavík fährt man auf der Straße Nr. 85 um die Halbinsel **Tjörnes** herum und dann südlich am riesigen Schwemmdelta Austursandur vorbei.

Von **Ásbyrgi 8** ▶ S. 105 erstreckt sich der **Nationalpark Jökulsárgljúfur** ▶ S. 105 nach Süden bis zum Dettifoss. Viele Geschichten ranken sich um die hufeisenförmige **Schlucht Ásbyrgi,** heute bieten die bis zu 100 m aufragenden Steilwände einem kleinen Wald Schutz. (Von Ásbyrgi führt eine schöne Zweitageswanderung zum Dettifoss, durch den Canyon Jökulsárgljúfur.)

Auf der Straße Nr. 862 kommt man zur Westseite des 44 m hohen Wasserfalls **Dettifoss 7** ▶ S. 105. Parallel führt ab Asbyrgi die Nr. 864 am Ostufer des Canyons entlang. Sie erreicht den Dettifoss nach 29 km und bietet auch Wege zu dessen Nachbar-Wasserfällen.

Weiter südlich münden beide Straßen in die Ringstraße, die einen zurück an den Mývatn bringt.

WICHTIGE ADRESSEN
- Den Norden vertritt **Northiceland** Hafnarstræti 91 | 600 Akureyri, Tel. 462 3300 | www.northiceland.is
- Nordwestisland präsentiert sich auf der Website www.northwest.is.

UNTERWEGS IM NORDEN

AKUREYRI 1 📖 E3

»Perle des Nordens«, »Stadt der
Herzen« – die quirlige Universitäts-
stadt (18 350 Einw.) unterhalb des
Polarkreises, Wirtschaftsmetropole
und Kulturzentrum der Region, ist
beliebt. Dank umliegender Berge ist
das Wetter vor allem im Sommer oft
freundlich, teils gar wärmer als in
Reykjavík. Einkaufs- und Kultur-
angebote, ein Nachtleben und viele
Sehenswürdigkeiten machen Akureyri zum wichtigen Touristenzen-
trum und Kurzreiseziel. Das vielfältige Umland erhöht nur den Reiz,
samt Skigebiet, Islands nördlichs-
tem Golfplatz und dem langen Eyjafjörður. Die roten Herzen in Am-
peln, Autos und Fenstern stammen
aus der Zeit der Finanzkrise.

Schon im 9. Jh. erkannte Helgi
der Magere die günstigen klimati-
schen Bedingungen am Eyjafjörður,
der hier gute 50 km ins Land hin-
einreicht. Bald entwickelte sich die
kleine Siedlung Kristnes, rund
10 km südlich der heutigen Stadt.

Der eigentliche Aufschwung kam
um 1786, als die Dänen hier eine
Handelsniederlassung gründeten.
1787 erhielt der Handelsort die
Stadtrechte, ab Ende des 19. Jhs. sie-
delten sich nach der Aufhebung der
Handelsrestriktionen Industrie und
Gewerbe an.

Seit 1987 gibt es eine erfolgreiche
Universität, und noch vor Reykjavík
erhielt die Stadt ein großes Konzert-
und Kulturzentrum, **Hof,** direkt am
Hafen gelegen.

AKUREYRARKIRKJA Ⓐ

Die Innenstadt wird überragt von
der doppeltürmigen, 1939/40 erbauten Stadtkirche auf einem Hügel, zu

Beliebtes Café in der Innenstadt von Akureyri: das Bláa Kannan

dem 112 Stufen hinaufführen. Die Fassade erinnert an die Hallgrímskirche in Reykjavík › S. 58, und in der Tat sind beide vom selben Architekten, Gudjón Samúelsson, der sich natürliche Basaltsäulen zum Vorbild nahm. Die bunten Glasfenster zeigen Szenen aus Islands Kirchengeschichte, das Hauptfenster spendete eine britische Kathedrale, die Orgel kam 1961 aus Deutschland. Ein hängendes Schiffsmodell soll symbolisch die Fischer beschützen (Juni–Aug. Mo–Do 10 bis 19, Fr 10–16, So 16–19 Uhr, www.akirkja.is).

Ⓐ Akureyrarkirkja
Ⓑ Kaupvangsstræti
Ⓒ Lystigarðurinn
Ⓓ Laxdalshús
Ⓔ Friðbjarnarhús
Ⓕ Nonnahús
Ⓖ Heimatmuseum
   Minjasafn

KAUPVANGSSTRÆTI 🅑

Diese interessante Straße bietet gute Adressen für Kunst- und Kultur-events, so das **Ketilhús** und das **Kunstmuseum Listasafn** (Nr. 8–12, 1500 ISK, Mai–Sept. tgl. 10–17, sonst 12–17 Uhr, www.listak.is).

LYSTIGARÐURINN 🅒

Der **Botanische Garten** versam-melt Islands gesamte Flora und ist beliebt für Konzerte und Picknicks, mit Café und Fjordblick (Eyrar-landsvegur, Tel. 462 7487, www.lystigardur.akureyri.is, Juni–Sept Mo bis Fr 8–22, Sa–So 9–22, doch auch sonst zugänglich, Eintritt frei).

AÐALSTRÆTI

Das älteste Haus der Stadt, erbaut 1795, ist das **Laxdalshús** 🅓, Haf-narstræti 11. Das **Friðbjarnarhús** 🅔 von 1856 war Gründungssitz des isländischen Guttemplerordens und beherbergt heute eine Ausstellung mit Spielzeug des 20. Jhs. (Nr. 46, Juni–Aug. tgl. 13–17 Uhr, sonst auf Anfrage, ISK 1000, Tel. 863 4531).

Das Museum **Nonnahús** 🅕 widmet sich Leben und Werk des 1944 in Köln gestorbenen Kinder-buchautors Jón Sveinsson (»Nonni und Manni«) im Haus seiner Kind-heit (Nr. 54 b, Juni–Aug. tgl. 10 bis 17, Sept.–Okt. Do–So 10–17 Uhr, 1400 ISK, Sammelticket mit 4 Mu-seen 2000 ISK, www.nonni.is).

Über die Geschichte des Eyja-fjörður und der Stadt v. a. im 19. und 20. Jh. informiert das **Heimat-museum Minjasafn** 🅖 mit Fotos, Alltagsobjekten und Nachbauten (Nr. 58, Juni–Sept. tgl. 10–17, sonst 13–16 Uhr, 1400 ISK oder Sammel-ticket, www.minjasafnid.is).

INFO

Tourist Info im Kulturzentrum Hof

• Strandgata 12 | Akureyri
  Tel. 450 1050 | www.visitakureyri.is
  Sommer tgl. 8–18.30, Frühjahr/Herbst
  Mo–Fr 8–17, Sa, So 8–16, Winter Mo–Fr
  8–16 Uhr

VERKEHR

• **Flughafen** 4 km südl., mit Taxi erreich-bar. Die Autovermietungen sind nicht immer besetzt, besser vorher anmelden (Flugplan-Auskunft Tel. 460 7000, www.isavia.is/en/akureyri-airport).

• **Bus:** SBA-Norðurleið, Hjalteyrargata 10, Tel. 550 0700, www.sba.is. Fernverbin-dungen von bzw. nach Reykjavík, Húsa-vík, Mývatn oder Egilsstaðir im Osten, quer durchs Hochland und zu weiteren Zielen. An- und Abfahrtsstelle: Hafnar-stræti 82. Die direkten Busse entlang der Ringstraße sowie nach Siglufjörður oder Egilsstaðir fahren vor dem Kulturzentrum Hof › **oben** ab. Info: www.straeto.is.

UNTERKÜNFTE

Hótel Kea & Harpa €€€

Ehrwürdig-komfortables 4-Sterne-Hotel seit 1944, modern ausgestattet, neben neu-em, günstigerem Schwesterhotel Harpa. Restaurants im Haus.

• Hafnarstræti 87–89 | Akureyri
  Tel. 460 2000 | www.keahotels.is

Hótel Íbúðir Apartments €€

Sechs helle, geräumige Apartments, sehr zentral mit Selbstversorgerküche und Gemeinschaftsterrasse.

• Geislagata 10 | Akureyri
  Tel. 892 9838 | hotelibudir@hotelibudir.is

Icelandair Hotel Akureyri €€
Modern-geräumig mit Stadt- und Fjordblick, Vinothek und Kaminfeuer-Bar.
• Þingvallastræti 23 | Akureyri
  Tel. 518 1000 | www.icehotels.is

Akureyri Backpackers €–€€
Toplage, beliebt, Zwei- und Mehrbettzimmer
mit Gemeinschaftsbad und -küche; die
Café-Bar besuchen auch Einheimische.
• Hafnarstræti 98 | Tel. 578 3700
  www.akureyribackpackers.com

RESTAURANTS
Rub23 €€€
Pfiffige Fischgerichte in individueller Kombination, abends wird der Keller zur Bier-
und Whisky-Bar. Mo–Fr 11.20–14, Fr–Sa
17.30–23, sonst 17.30–22 Uhr
• Kaupvangsstræti 6 | Akureyri
  Tel. 462 2223 | www.rub23.is

1862 Nordic Bistro €€–€€€
Café und Bistro im Kulturzentrum am Hafen.
Gehobene Küche, auch beliebt für Sonn-
tagsbrunch. Mo–Sa 11.30–20, So 11–18 Uhr
• Kulturzentrum Hof | Strandgata 12
  Akureyri | Tel. 466 1862 | www.1862.is

Strikið €€–€€€
Schmackhaft ideenreiche Küche, sehr guter Fisch, mit großer Dachterrasse. Mo–Do
11.30–22, Fr–Sa 11.30–23, So ab 17 Uhr.
> mehr S. 14 Punkt
• Skipagata 14 | Akureyri
  Tel. 462 7100 | www.strikid.is

Bautinn €–€€€
Hier ist für jeden etwas dabei, von einfach
bis sophisticated. Tgl. 9–22 Uhr; sehr beliebt, Sa/So reservieren!
• Hafnarstræti 92 | Akureyri
  Tel. 462 1818 | www.bautinn.is

Bláa Kannan Café €
Täglich Frühstück, Lunch oder Kuchen bis
spät in die Nacht, direkt in der Fußgängerzone. Sommer tgl. 8–22:30, Winter Mo–Fr
ab 9, Sa, So ab 10 Uhr
• Hafnarstræti 96 | Akureyri
  Tel. 461 4600

Brýnja
Das kleine Familien-Eiscafé verkauft täglich bis kurz vor Mitternacht die angeblich
besten Sorten Islands.
• Aðalstræti 3 | Akureyri
  Tel. 462 4487
  facebook.com/Brynjuis

SHOPPING
Die Haupteinkaufsmeile der Stadt zieht
sich mit Designgeschäften, Galerien und
Souvenirshops rund um die **südliche Hafnarstræti**. Große Marken und Boutiquen
bietet die **Glerártorg-Mall** im Nordwesten,
mit dem beliebten **Kaffi Torg Café** (Glerá-
reyrum 1, www.glerartorg.is). Hochwertige
Outdoor-Bekleidung führt **66° North**
(Glerárgata 32, www.66north.com).

Die **Skipagata** zwischen Rathausplatz
und Kulturzentrum Hof hat sich eher auf
Handwerkskunst spezialisiert. Isländisches
Design gibt es bei **Kista** im Kulturzentrum
(Strandgata 12, www.hof.is); Wollpullover,
Lederprodukte und echte Souvenirs bei
Geysir (Hafnarstræti 98, www.geysir.com);
regionale Vintage-Deko und -Kleidung bei
Flóra (Hafnarstræti 90, www.floraflora.is).

NIGHTLIFE
• Akureyris Nachtleben lockt nicht nur die
  Jugend der gesamten Region an. Vor
  allem samstagabends fährt man beim
  Autokorso um den **Rádhústorg** schickes
  Blech und aktuelle Designermode spa-
  zieren. Manche Klubs haben am Wochen-

ende bis in die Morgenstunden geöffnet. Beliebt ist das **Café Amour,** das am Wochenende zur Disco wird (Ráðhústorg 9, Tel. 461 3030).

- Im **Græni Hatturinn** (Hafnarstræti 96, Tel. 461 4646) gibt es regelmäßig Konzerte sowohl von isländischen als auch von internationalen Gruppen..

AUSFLÜGE AB AKUREYRI

GRÍMSEY  E1

»Gríms Insel« rund 41 km nördlich von Akureyri ist Islands einzige Ecke, um den Polarkreis zu überschreiten. Und nur hier steht die Sonne zur Mittsommernacht exakt über dem Horizont. Die meisten Besucher kommen nur wenige Stunden, auch für die dicht umschwärmten Vogelfelsen (www.grimsey.is). Übernachten lässt sich ganzjährig in zwei Gästehäusern:

Gullsól (Tel. 467 3190, www.gullsol.is) und **Básar** (Tel. 467 3103, www.gistiheimilidbasar.is).

Das Restaurant **Krían** serviert im Sommer frischen Fisch und betreut auch den Campingplatz (Tel. 898 2058, E-Mail: gydab@mi.is).

VERKEHR

- Flüge mit **Norlandair** ab Akureyri: im Sommer 5–7 x, im Winter 3 x die Woche, Tel. 414 69 60, www.norlandair.is
- **Fähre Sæfari** ab Dalvík › S. 105; im Sommer 4–5 x, im Winter 3–4 x, Tel. 458 8970, www.saefari.is

GOÐAFOSS 2 E2

Der »Wasserfall der Götter« stürzt rund 50 km östlich von Akureyri nahe der Ringstraße in die Tiefe. Seine Kaskaden sind nur etwa 15 m hoch, dafür aber gute 100 m breit. Hier versenkte der Gode und Geset-

Der enorm breite Goðafoss bietet ein beeindruckendes Naturschauspiel

zessprecher Þorgeir heidnische Götterbilder – nach dem Übertritt Islands zum Christentum im Jahr 1000. Ganz nah ein liegt einsames gelbes Sommerrestaurant mit Gästezimmern (www.godafoss.is).

HÚSAVÍK 3 ▮ E2

Man nennt sie die »Walhauptstadt der Insel«, weil man in der malerischen Bucht Skjálfandi Buckel-, Finn- oder Seiwalen besonders nahe kommen kann: Existenzgrundlage der 2200 Einwohner sind heute die unzähligen Touristen auf Walbeobachtungstour › S. 31.

Das **Walmuseum Hvalasafnið** am Hafen präsentiert auf 1200 m² Interessantes über die Riesen der Meere. An der Decke hängt das 17 m lange Skelett eines gestrandeten Pottwals (Hafnarstétt 1, Juni bis Aug. tgl. 8.30–18.30, Mai, Sept. 9–17, April, Okt. 10–16, Nov.–April Mo–Fr 10–16 Uhr, 1200 ISK, Rabatt bei Buchung einer Waltour, www.whalemuseum.is).

Das **Heimatmuseum Safnahúsið á Húsavík,** eines der besten des Landes, verbindet regionale Historie mit Naturkunde, Seefahrtgeschichte sowie Kunst – mit Menschenhaarketten, Eisbär und nicht zuletzt 100 000 Bieretiketten (Stórigarður 17, Juni–Aug. tgl. 10–18, sonst Mo–Fr 10–18, Sa 10–14 Uhr, 1200 ISK, www.husmus.is).

Einen Besuch wert sind auch Húsavíks hübsche **Kreuzkirche** von 1907 (Sommer tgl. 9–11, 15–17 Uhr) und im Juli das Festival **Mærudagar** (facebook.com/maerahusavik).

INFO
Tourist-Information Húsavíkurstofa
• Stórigarður 17 + Vallholtsvegur 9
  Tel. 464 61 65 | www.visithusavik.is
  Juni–Aug. 8–18, Sa, So 10–18, sonst meist Mo–Fr 10–16 Uhr

HOTELS
Fosshótel Húsavík €€€
Zentrales 3-Sterne-Haus, zweckmäßig mit Meertouch – im neuen Hotelteil sind die Zimmer geräumiger.
• Ketilsbraut 22 | Húsavík
  Tel. 464 1220 | www.fosshotel.is

Gistiheimili Árból €€
Familiäres, rustikales Gästehaus von 1903, zentral und doch ruhig gelegen.
• Ásgarðsvegur 2 | Húsavík
  Tel. 464 2220 | www.arbol.is

RESTAURANT
Gamli Baukur €€
Uriges Restaurant in zwei Holzhäusern am Hafen, sehr gutes Fischbüfett und exzellente Meeresfrüchte. Abends Pub, an Wochenenden mit Livemusik. Mitte April bis Sept. tgl. 9–21 Uhr.
• Hafnarstétt 9 | Húsavík
  Tel. 464 2442 www.gamlibaukur.is

MÝVATN 4 ⭐5 ▮ F3

Der 37 km² große »Mückensee« gehört zu den schönsten und meistbesuchten Regionen Islands. Seinen Namen verdankt er Millionen harmloser Zuckmücken, die im Frühjahr und Spätsommer schlüpfen. Es kommt aber auch eine stechende Kriebelmückenart vor.

Kragen-, Spatel-, Schnatter- und Trauerenten sowie 13 weitere En-

Skútustaðagígar werden die Pseudokrater am Südufer des Mývatn genannt

tengattungen gehören ebenso zur Vogelwelt des Sees wie viele andere seltene Arten. Vom Wanderweg am Südufer kann man die Vögel am besten beobachten. Am sumpfigen Nordwestufer gibt es ein kleines Vogelmuseum mit Ferngläsern und Café (www.fuglasafn.is).

Rund um den See existiert eine vielfältige Flora: Birken, Weiden, Hahnenfuß und viele andere Arten gedeihen hier.

Im Osten des Sees liegen die skurrilen **Dimmuborgir** – rau verwitterte Lavatürme, 2500 Jahre alte Relikte eines Lavasees. Der Legende nach leben hier die 13 Weihnachtstrolle. Rundwege starten am Informationszentrum mit Café (ca. 3,5 km hinter dem Parkplatz Höfði rechts, www.visitdimmuborgir.is).

Der viertgrößte See Islands überrascht auch mit anderen geologischen Phänomenen: den Pseudokratern nahe **Skútustaðir**. Aus der Luft wirken nicht nur der See, sondern vor allem die bizarren grünen Kreise erst so richtig beeindruckend: Ein großartiges Erlebnis ist ein Rundflug ab Reykjahlíð (Mýflug, Tel. 464 4400, www.myflug.is).

Wie durch ein Wunder verschonte 1792 die »Feuerlava« Eldhraun das Kirchlein des Weilers **Reykjahlíð**, in das sich die Bauern der nahen Gehöfte geflüchtet hatten. Alle anderen Gebäude und sogar der Friedhof wurden zerstört. Noch heute wirkt das erkaltete Lavafeld um die neue Kirche ziemlich bedrohlich. Der Ort ist ein populärer Übernachtungsstopp.

Verlockend ist ein heißes Bad in der Lagune des Dampfkraftwerks Bjarnarflag: Aus dem Naturdampfbad wurden die modernen **Mývatn Nature Baths** an der Ringstraße ▸ Seitenblick S. 103.

Vom Mývatn aus empfehlen sich auch Ausflüge zur Caldera Askja ▸ S. 145 z. B. als organisierte Tagestour (www.askjatours.is).

IN HOT POTS & LAGUNEN

Badevergnügen in der »Blauen Lagune des Nordens« am Mývatn

Dank der geothermischen Quellen und des reichlich vorhandenen Wassers bietet Island viele Möglichkeiten, entspannende Bäder unter freiem Himmel zu nehmen. Besonders reizvoll sind die kleinen Quellen mitten in der Natur, wie in **Landmannalaugar** › S. 146 oder bei **Hveravellir** › S. 142.

Doch Vorsicht: Es gibt auch sehr heiße Quellen, die Verbrühungen verursachen können! Eine Gesamtübersicht findet sich unter www. hotpoticeland.com.

SCHWIMMBÄDER

Auch die vielen Schwimmbäder des Landes sind meist von heißen Quellen gespeist. Je größer der Ort, desto größer das Bad samt Anlagen wie Dampfbäder, Hot Pots und Kinderbecken. Reykjavík nennt sich wegen seiner vielen Badestellen sogar SpaCity.

Doch auf die Größe kommt es gar nicht unbedingt an: Reykjavíks Nachbarstadt **Seltjarnarnes** hat ein kleines, aber sehr beliebtes Bad mit hautfreundlichem Salzwasser.

Eine Besonderheit ist Islands einziger Badestrand in **Nauthólsvík** im Süden Reykjavíks, wo am aufgeschütteten Sand eine Heißquelle das kalte Meerwasser auf 20 °C Badetemperatur erwärmt. Mit Umkleiden, Duschen und Restaurant.

Und der wohl nördlichste Pool des Landes liegt in **Krossnes** am Ende der Straßen im Nordosten der Westfjorde direkt am Atlantik.

- **Seltjarnarneslaug** 📱 C5
  Suðurströnd | Tel. 561 1551
  Mo–Fr 6.30–22, Sa/So 8–19.30, Winter 8
  bis 18 Uhr, 800 ISK
- **Strand von Nauthólsvík** 📱 C5
  Nauthólsvegur (südlich von Perlan),
  Tel. 511 6630 | www.nautholsvik.is
  Sommer tgl. 10–19, gratis, sonst Mo–Do
  11–14, 17–20, Fr 11–14, Sa 11–16 Uhr, 650 ISK
- **Krossneslaug** 📱 C2
  Norðurfjörður | Tel. 451 4048
  rund ums Jahr offen zugänglich, 700 ISK

LAGUNEN

Islands berühmtestes Badeparadies,
die **Blaue Lagune** › S. 72 *(Bláa Lónið),* liegt fast auf dem Weg von Reykjavík zum Flughafen Keflavík. Rund
ums Jahr taucht man in der weitläu-
figen, edel ausgebauten Anlage ein
ins warme, heilkräftige Nass.

Nahe dem See Mývatn hingegen
lockt in wilder Landschaft die
»Blaue Lagune des Nordens«, **Mývatn Nature Baths** › S. 101 – kleiner,
aber ebenfalls mit mineralhaltigem,
pflegendem Wasser.

In der Walhauptstadt Húsavík hat
das großzügige **GeoSea** eröffnet,
mit Blick auf Fjord und Polarkreis.
Ähnlich jung ist die schicke Geo-
thermalbad-Anlage **Krauma** im
Reykholtsdalur › S. 81 im Westen,
gespeist von Europas ergiebigster
Heißquelle Deildartunguhver. Auf
eine längere Tradition blicken zwei
kleinere, aber feine Anlagen im
»Goldenen Kreis« zurück: das **Fontana** auf dem Weg zum Geysirfeld,
samt See und Brot aus dem heißen
Boden, und die **Secret Lagoon**
nahe dem Bischofssitz Skálholt, seit
1891 Islands ältestes Schwimmbad.

- **Blaue Lagune** 📱 B5
  Grindavík | www.bluelagoon.com
  Juni–Mitte Aug. 7–23 bzw. 24 Uhr, Feb.,
  Mitte Aug.–Nov. 8–22, sonst 8–21 Uhr, ab
  7000 ISK, frühzeitig online buchen. Per
  Flybus (www.re.is/DayTours/BlueLagoon)
  lässt sich auf dem Weg vom oder zum
  Flughafen eine längere Badepause
  einlegen.
- **Mývatn Nature Baths** 📱 F3
  Jarðbaðshólar | östl. Reykjahlíð
  www.jardbodin.is | ab 4500 ISK
  Mai–Sept. 9–24, sonst 12–22 Uhr
- **GeoSea** 📱 E2
  Vitaslóð 1 | Húsavík
  www.geosea.is | 4300 ISK
  Mai–Sept. 9–24, sonst 12–22 Uhr
- **Krauma** 📱 C4
  Deildartunguhver | Reykholt
  www.krauma.is | 3800 ISK
  15. Juni–19. Aug. 11–23, sonst 11–21 Uhr
- **Laugarvatn Fontana** 📱 C4
  Hverabraut 1 | Laugarvatn
  www.fontana.is | 3800 ISK
  Juni–Aug. 10–23, sonst 11–22 Uhr
- **Secret Lagoon Hot Springs** 📱 C4
  Hvammsvegur | Flúðir
  www.secretlagoon.is | 3000 ISK
  Mai–Sept. 10–22, sonst 11–20 Uhr

HOT POTS

Es gibt sie in jedem Schwimmbad,
auch die meisten Hotels, Gästehäuser und Ferienhäuser bieten heiße
Sitzbäder an, meist draußen vor der
Terrasse – besonders reizvoll ist das
bei Kälte unterm Sternenhimmel.

BADEREGELN

Vor dem Besuch im Schwimmbad
duscht man ohne Badebekleidung,
in der Sauna oder im Dampfbad jedoch bleiben die Badesachen an.

INFO

Tourist Info Mývatnstofa
- Hraunvegur 8 | Reykjahlíð
  Tel. 464 4460
  www.visitmyvatn.is
  Im Sommer tgl. 8–18 Uhr

UNTERKÜNFTE

Fosshótel Mývatn €€€
Großzügiges Hotel am rauen Nordufer mit
See- und Vulkanblick. Sehr gute Küche.
- Ringstraße | Tel. 453 0000
  www.fosshotel.is

Icelandair Hotel Mývatn €€€
Das großzügige 4-Sterne-Haus hat 2018
den Vorgänger Hotel Reynihlíð abgelöst.
- Reykjahlíð | 444 4000
  www.icehotels.is

Gistiheimili Eldá €€
Drei Häuser direkt im Ort mit geräumigen
Doppel- bzw. Familienzimmern.
- Helluhraun 9 | Reykjahlíð
  Tel. 464 4220
  www.elda.is

RESTAURANT

Vogafjós Café €€–€€€
Beliebtes Bistro-Café am Gästehaus mit
Räucherlamm, Eiscreme und Milch frisch
von den Kühen vor dem Panoramafenster.
Im Sommer tgl. 10–21 Uhr, sonst kürzer.
> mehr S. 15 Punkt **18**
- Ostufer | Vogar 1
  Tel. 464 3800 | www.vogafjos.is

NÁMAFJALL **5** F3 UND VULKAN KRAFLA **6** F2

Zu Füßen des Bergs **Námafjall** liegt
ein großes Solfatarengebiet, das Besucher mit schwefligem Gestank
begrüßt. Heißer Schlamm blubbert
aus Erdlöchern und bildet vielfarbi-
ge Mineralienablagerungen. Aber
Vorsicht: Bleiben Sie in allen Vul-
kan- und Hochtemperaturgebieten
unbedingt auf Wegen und Stegen!

Weiter in Richtung Norden liegt
der vulkanisch hochaktive Berg-
rücken **Krafla** (818 m), aus dessen

Der Jökulsá á Fjöllum fließt durch den Jökulsárgljúfur-Nationalpark

Flanke ein Dampfkraftwerk Energie zapft. Nahe dem Parkplatz lassen Kieselalgen den Kratersee Stóra-Víti (»Große Hölle«) türkisblau schimmern. Im Sommer fährt ein Hochlandbus ab Reykjahlíð.

DETTIFOSS 7 ★ ▮ F2
UND ÁSBYRGI 8 ▮ F2

Am wasserreichsten Wasserfall Europas stürzt der graubraune Gletscherfluss Jökulsá á Fjöllum 44 m in die Tiefe. Der mächtige **Dettifoss** ist auf separaten Straßen von beiden Seiten zu erreichen. Er gehört zum **Jökulsárgljúfur-Nationalpark,** der rund um den Canyon des Flusses Richtung Atlantik zieht.

Auf einer Trekkingtour kann man dem Westrand zwei Tage lang bis zur schroffen Felsenschlucht **Ásbyrgi** folgen, vorbei an bizarren Lavagebilden. Das hufeisenförmige, kilometerbreite grüne Tal soll vom Pferd des Gottes Óðin 100 m tief in den Fels getreten worden sein. Es ist ganzjährig zugänglich als Startpunkt vieler Wanderwege; das Visitor Center liegt am Nordrand.

INFO
Visitor Center
• Ásbyrgi | Tel. 470 7100 | www.vjp.is
  21. Mai–Aug. tgl. 9–18, Mai, Sept., Okt. 10 bis 16, sonst Mo–Fr 11–15 Uhr

CAMPING
Camping Jökulsárgljúfur Ásbyrgi
Komfortabler Platz mit Einkaufsmöglichkeiten und Anbindung an Überlandbusse.
• Tel. 470 7100, wie Visitor Center

DALVÍK 9 ▮ E2

Die Fischerei prägt die Stadt rund 40 km nordwestlich von Akureyri, mit hübschem Hafen vor modernem Ortsbild – ein schweres Erdbeben samt Flutwelle hatte sie 1934 fast völlig zerstört.

Dalvík ist Durchgangsziel zur Fährfahrt nach Hrísey, zunehmend auch Basislager für Wandertouren. Sehenswert ist das **Heimatmuseum Byggðasafn** (www.dalvikurbyggd.is/hvoll).

Die Dalvíker Brauerei **Kaldi** bietet neben Brauereitouren (www.bruggsmidjan.is) seit 2017 auch ein schickes Bier-Spa (www.bjorbodin.com). Anfang August steigt das Fischfestival **Fiskidagurinn mikli.**

INFO
Tourist Information
• Kulturhaus Berg | Goðabraut
  Dalvík | Tel. 846 4928
  www.dalvikurbyggd.is
  www.visittrollaskagi.is
  Mo–Fr 9–18, Sa 13–17 Uhr

UNTERKUNFT
Dalvík Hostel Gimli und Vegamót Cottages €–€€
Familiäres Hostel und gemütliche Selbstversorgerhütten mit Berg- und Meerblick, nah am Zentrum.
• Skídabraut 20 | Tel. 699 6616
  www.dalvikhostel.com

RESTAURANT
Gregor's Pub €–€€
Kleines familiäres Lokal mit rustikalen Speisen.
• Goðabraut 3 | Tel. 847 8846

ÓLAFSFJÖRÐUR 10 📖 E2

Der große Fischerort an »Olafs Fjord« zieht Angler wie Wanderer und Wintersportler an. Mit Siglufjörður bildet er die Gemeinde Fjallabyggð, er ist von Süden über einen einspurigen Tunnel zu erreichen.

Als Anglerparadies gilt die **Lagune Ólafsfjarðarvatn,** wo sich kaltes Süß- und wärmeres Salzwasser mischen und die besten Lachse und Forellen des Landes leben sollen.

Hobby-Ornithologen hingegen schätzen das **Naturkundemuseum Pálshús** mit Islands größter Sammlung präparierter Vögel und Vogeleier (Strandgata 4, Tel. 466 2255, Juni–15. Sept. tgl. 11–17 Uhr).

Wenn im Winter der Nordwind reichlich Schnee bringt, tummeln sich die Skifahrer am **Ólafjaðafjall,** samt Skisprungschanze.

Anfang Juli steigt das Blues- und Jazzfestival **BlueNorth,** im August das Klassikfestival **Berjadagar.**

HOTEL

Hótel Brimnes €€–€€€

Gute Mittelklasse, 8 Selbstversorger-Blockhütten direkt am See, großes Restaurant.

• Bylgjubyggð 2 | Tel. 466 2400
www.brimnes.net

SIGLUFJÖRÐUR 11 📖 E2

Isländer verbinden die nördlichste Stadt Islands (1200 Einw.) sofort mit dem Heringsboom zu Beginn des 20. Jhs., als bis zu 10 000 Menschen hier von den silbrigen Riesenschwärmen vor der Küste lebten – bis diese wegen Überfischung plötzlich ausblieben. Heute bietet das **Heringsmuseum Síldarminjasafnið** in drei Häusern tiefen Einblick in jene Zeit (Snorragata 10, www.sild.is, Tel. 467 1604, Juni–Aug. tgl. 10–18, Mai, Sept. tgl. 13–17 Uhr). Samstags im Sommer zeigen Schauspieler das historische Heringsalzen live, im August steigt das große Heringsfestival **Síldaraevintýri.**

Islands nördlichste Stadt Siglufjörður

Im **Volksmusikzentrum Þjóðla-gasetur** dreht sich alles um traditionelle Klänge und gesungene Sagas (Norðurgata 1, Tel. 869 3398, www.folkmusik.is, Juni–Aug. tgl. 12 bis 18 Uhr), mit einem Musikfestival Ende Juli.

Siglufjörður war bis 2006 über Land sehr isoliert, von Ólafsfjörður nur über eine oft gesperrte Bergpiste erreichbar – erst dann vereinfachten zwei lange Tunnel den Weg. Heute ist die Stadt im Aufwind, die Infrastruktur wächst. Touristisch locken beste Wander-, Ski- und Angelmöglichkeiten, Künstler siedeln sich an und zeigen ihre Ateliers. › mehr S. 16 Punkt **26**

INFO

Tourist-Info
• Gránugata 24, in der Bibliothek
  Tel. 464 9120 | Siglufjörður
  www.fjallabyggd.is
  Nur im Sommer, Öffnungszeiten wie
  Bibliothek.

HOTEL

Sigló Hotel €€€
Modernes, helles Designhotel zentral auf einem Hafenpier, mit Restaurant, Spa und Rundum-Panorama.
• Snorragata 3 | Siglufjörður
  Tel. 461 7730 | www.siglohotel.is

RESTAURANT

Kaffi Rauðka €€
Gutes Essen im preisgekrönten »Roten Café« direkt am Hafen, oft bei Livemusik. Regionale Leckereien auch im gelben **Hannes Boy Café** nebenan.
• Gránugata 19 | Tel. 461 7730
  www.kaffiraudka.is

HÓLAR 12 📖 D2

Große Geschichte trägt das Örtchen: Hier entstanden Islands zweiter Bischofssitz (1106), seine erste Landkarte und die erste komplette Bibelübersetzung auf Isländisch, hier stand auch die erste Druckerpresse der Insel. Die große **Hóladómkirkja** von 1763 ist die älteste Steinkirche des Landes, sehenswert ihr prächtiges Inneres samt Triptychon (Sommer tgl. 10–18 Uhr).

Heute ist Hólars größte Attraktion das Islandpferd, rund um die Hochschule für Reiterei, Pferdehaltung und Pferdezucht sowie das Nationale Pferdezentrum **Sögusetur** (www.sogusetur.is). Zahlreiche Reiterhöfe in der Region bieten Ausritte in die Umgebung.

CAMPING IN SCHÖNER NATUR

• **Vogar** am Mývatn › S. 100 liegt direkt an der Lava und ist ein idealer Ausgangspunkt für Spaziergänge (www.vogahraun.is).
• **Hólar** bietet einen lauschigen Platz unter Bäumen › S. 108.
• Auf dem schön gelegenen Platz von **Atlavik** im Wald Hallormsstaðarskógur › S. 115 kann man träumen unter Bäumen.
• In **Skógar** › S. 126 singt das friedliche Rauschen des nahen Wasserfalls die Camper in den Schlaf.
• Auf **Heimaey** zeltet man direkt an den steilen Klippen › S. 134, wo zahlreiche Vögel nisten.

RESTAURANT

Lónkot €€–€€€

Familiäres Biorestaurant auf einsamem Küstenhof, mit bester Regionalküche. Nur Mai–Sept., besser reservieren. Auch einfache Unterkunft.

- Lónkot bei Hofsós
  Tel. 453 7432
  www.lonkot.is

CAMPING

Sehr hübscher Platz für etwa 200 Personen in einem kleinen Wald.

- Hólar | Tel. 455 6333
  www.visitholar.is

SAUÐÁRKRÓKUR 13 ◗ D2

Der größte Ort am Fjord Skagafjörður, oft nur »Krókur« genannt, ist ein wichtiges Kultur- und Verwaltungszentrum im Nordwesten, mit hübschen historischen Häusern

---

💬 HOCH ZU ROSS

Für Pferdefans, Könner wie auch Anfänger, bietet die Region um Sauðárkrókur zahlreiche Reiterhöfe mit unterschiedlichen Angeboten, darunter auch Mehrtagestouren etwa zum Mývatn (Infos: www.visitskagafjordur.is/en/things-to-do/horseback-riding).
Auch Hotels und Gästehäuser bieten oft in Kooperation mit kleineren Höfen Ausflüge im Sattel an. Im Herbst ist es zudem oft möglich, am Pferde- und Schafabtrieb *réttir* teilzunehmen > S. 46.

---

und einer Holzkirche von 1892. Neben der Fischerei leben die Menschen von kleineren Industrien wie der Krabbenverarbeitung oder einer Steinwollefabrik.

Das **Museum Minjahúsið** im alten Lagerhaus zeigt Werkstätten alter Handwerksberufe, samt Islands ältester Nähmaschine, und zur Archäologie der Region (Aðalgata 16 b, Tel. 453 6173, Juni–Aug. tgl. 12 bis 19 Uhr, Eintritt frei).

Sauðárkrókur ist gut geeignet als Basislager für Touren in alle Richtungen, im Auto, per Wanderschuh oder – noch passender – hoch zu Ross. Denn wie die lebensgroße Skulptur eines Islandpferds auf der Straße Skagfirðingarbraut mitten im Ort demonstriert: Die Pferdezucht hat in dieser Region einen besonders hohen Stellenwert.

Eine Wanderung auf den 900 m hohen Aussichtsberg **Tindastóll** nordwestlich von Sauðárkrókur (ab Reykir, am Ende der Straße Nr. 748) wird mit einem einzigartigem Blick auf die Stadt, den Skagafjord und die Skagi-Halbinsel belohnt, auf der auch die Grettir Saga spielt.

Im Winter lockt auf den Hängen ein Skizirkus. Und oben auf dem Berg soll ein Brunnen voller Edelsteine in der Mittsommernacht Wünsche erfüllen.

INFO

Tourist-Information

- im Minjahúsið
  Sauðárkrókur
  Tel. 455 6161
  www.visitskagafjordur.is
  Sommer tgl. 12–19 Uhr

HOTEL

Hótel Tindastóll €€€

Islands ältestes Hotel, moderner Komfort, schon Marlene Dietrich nächtigte hier.

• Lindargata 3 | Sauðárkrókur
  Tel. 453 5002 | www.arctichotels.is

RESTAURANT

Kaffi Krókur €€

Seit 2017 verschmolzen mit dem einstigen »Olafshús« nebenan, kombiniert das Beste von Café und Restaurant.

• Aðalgata 16 | Sauðárkrókur
  Tel. 453 6454
  www.kkrestaurant.is

Altisländische Stube im Torfhofmuseum

TORFHOFMUSEUM GLAUMBÆR 14 ⭐ ◗ D3

Vor 1900 lebten die meisten Isländer in Häusern mit isolierenden Torfwänden und Grassodendächern. Das Freilichtmuseum bei Varmahlíð gilt als beste und schönste Torfhaus-Ausstellung des Landes.

Andere Gebäude zeigen den Wandel der Baustile von Wikinger-Langhäusern bis zu den Holzgebäuden des 19. Jhs. Die Vorhänge der kleinen Kirche sind voll mit Szenen aus mittelalterlichen Handschriften von Islands Christianisierung (Tel. 453 6173, www.glaum baer.is, 20. Mai–20. Sept. tgl. 9–18, April–20. Mai, 21.Sept.–20.Okt. Mo bis Fr 10–16 Uhr, 1700 ISK).

RESTAURANT

Áskaffi €

Hausgemachte Kuchen und sehr guter Kaffee in einem Haus von 1849.

• am Museum | www.askaffi.is

VARMAHLÍÐ 15 ◗ D3

Der kleine Ort zwischen Blönduós und Sauðárkrókur führt die »warmen Quellen« schon im Namen; sie dienen zum Heizen, für die Warmwasserversorgung und im Schwimmbad (Mo–Fr 10.30–21, Sa/So 10.30–18 Uhr).

Sehenswert ist das kleine Gotteshaus **Víðimýrarkirkja** beim nahen Ort Víðimýri, eine der wenigen erhaltenen Torfkirchen des Landes und eines der schönsten Beispiele isländischer Baukunst. 1834 mit sibirischem Treibholz erbaut, ist sie nur über das Dachkreuz und den Friedhof als Kirche zu erkennen. Sie wird noch immer als Gemeindekirche genutzt (Tel. 453 6173, Juni bis Aug. tgl. 9–18 Uhr, 1000 ISK).

INFO

Tourist Info

• Tel. 455 6161 | www.northwest.is
  tgl. Mo–Fr 9–18, Sa, So 13–17 Uhr

Hótel Varmahlíð €€€

Ansprechendes Hotel mit geräumigen Zimmern und gutem Restaurant.

• Laugavegur | Varmahlíð
Tel. 453 8170 | www.hotelvarmahlid.is

BLÖNDUÓS 16 📕 D3

Der Kreuzungsort liegt an der Mündung des Gletscherflusses Blandá, einem der besten Lachsgewässer Islands, wovon auch das **Museum Laxasetur** berichtet (Efstabraut 1, im Sommer tgl. 11–17 Uhr, www.laxasetur.is).

Eines der ältesten Häuser Islands (1733) beherbergt ein informatives **Museum** zum hier typischen Packeis (Hillebrandtshús, Sommer tgl. 11–17 Uhr, www.blonduos.is/hafis).

Das **Textilmuseum Heimilisiðnaðarsafnið** zeigt Handarbeitskunst, Wandteppiche und Nationaltrachten (Árbraut 29, Juni–Aug. tgl. 10–17 Uhr, www.textile.is).

Tourist-Info

• am Campingplatz an der Ringstraße
Blönduós | Tel. 452 4520
Sommer tgl. 9–21 Uhr

Hótel Blönduós €€€

Gemütliches Haus mit gutem Restaurant im Zentrum. Ganzjährig geöffnet.

• Aðalgata 6 | Blönduós | Tel. 898 1832
www.hotelblanda.is

Hótel Húni €€

Sommerhotel in idyllischer Lage.

• am See Svínavatn, ca. 15 km südl.

Tel. 453 5600
www.hotelhuni.com

VATNSNES-HALBINSEL

Die oft übersehene grüne Halbinsel »Wassernase« ist ein Naturparadies. Sie ragt in die große Bucht Húnaflói und bietet einen Blick bis zu den Küsten von Stranðir. Zentrum der Region ist **Hvammstangi** 17 📕 C3 mit dem sehr empfehlenswerten **Robbenzentrum Selasetur** (Juni bis Aug. tgl. 9–19, Mai, Sept. tgl. 9–16, sonst Mo–Fr 10–15 Uhr, www.selasetur.is, 1100 ISK).

Auch an der Küste sind oft Robben und Seehunde zu beobachten, vor Hindisvík lebt eine der größten Kolonien Islands. Historisch ist die Wanderlandschaft Vatsnes Schauplatz der Grettir-Saga. Berühmt ist der 15 m hohe Vogelfelsen **Hvítserkur** nahe **Ósar** 18 📕 C3, der einem versteinerten Troll ähnelt.

Gästehaus Hanna Sigga €€

Das Gästehaus in Hvammstangi hat vier gemütliche Zimmer und einen schönen Garten mit Hot Pot. Zum Bio-Frühstück gibt es selbst gebackenes Brot.

• Garðarvegur 26 | Hvammstangi
www.northwest.is/2hannasigga.asp

REYKIR 19 📕 C3

Im **Regionalmuseum** des Ortes ist u. a. ein altes Haifischfangboot ausgestellt: Noch bis ins 20. Jh. ging man in der Húnaflói-Bucht auf Haifischjagd (Tel. 451 0040, Juni–Aug. tgl. 9–17 Uhr, www.reykjasafn.is).

OSTEN

Der Hafen von Höfn am Fuß des Vatnajökull

In den Fjorden an Islands Ostküste verstecken sich verträumte kleine Fischerorte; besonders abgelegen ist Bakkagerði, ein Hauptsitz des »verborgenen Volkes« – der Elfen. Im Südosten ist Höfn Ausgangsort für Touren auf den Gletscher Vatnajökull.

Ostisland umfasst die fjordreiche Küste zwischen Bakkagerði im Norden und Höfn im Süden. Hauptort ist Egilsstaðir am See Lögurinn, bekannt für seinen Wald. Die sich weiter südlich erstreckende Fjordlandschaft ist sanfter geschnitten als die der Westfjorde. Erdgeschichtlich gehören beide Gebiete zu den ältesten Islands. Die Fischerorte an den Fjorden, umgeben von Gebirgen, sind oft nur über Tunnel oder Serpentinenstraßen erreichbar. In Reyðarfjörður brachte der Bau einer Aluminiumschmelze einen lokalen Aufschwung.

TOUREN IN DER REGION

RUND UM DEN LÖGURINN

ROUTE: Egilsstaðir › Hallormsstaðarskógur › Végarður › Skriðuklaustur › Egilsstaðir

KARTE: Seite 120
DAUER: 1 Tag
PRAKTISCHER HINWEIS:
- Für diese Tour braucht man einen Pkw, den man auch in Egilsstaðir am Flughafen leihen kann.

TOUR-START:
Der See **Lögurinn** › S. 114 südwestlich von **Egilsstaðir** **1** › S. 113 ist ein besonders breiter Abschnitt des Flusses Lagarfljót, umrundet von der Straße 931. Besonders schön ist das Ostufer mit dem größten Waldgebiet des Landes, **Hallormsstaðarskógur** **4** › S. 115. Markierte Pfade bieten sich für Spaziergänge an. Südlich des Sees an der Straße 933 befinden sich der Hof **Valþjófsstaður** **5** › S. 115 und die gleichnamige Kirche mit einer bemerkenswerten Tür mit Wikingermotiven.

Skriðuklaustur **6** › S. 115, das burgartige Wohnhaus des Dichters Gunnar Gunnarsson, ist heute ein Kulturzentrum mit Café. Unweit davon geht die Straße 910 ins Hochland ab, die zu den Staudämmen führt. Wieder auf der 931, führt ein Wanderweg in rund einer Stunde zu Islands dritthöchstem Wasserfall **Hengifoss**, dann geht es zurück zur Ringstraße und nach Egilsstaðir.

TOUR 11

DIE FJORDE ENTLANG NACH HÖFN

ROUTE: Egilsstaðir > Reyðarfjörður > Fáskrúðsfjörður > Stöðvarfjörður > Breiðdalsvík > Djúpivogur > Höfn

KARTE: Seite 120
DAUER: 1 Tag
PRAKTISCHER HINWEIS:
• Alternativ kann man die Orte auch als Mehrtagestour erwandern.

TOUR-START:

Von **Egilsstaðir** **1** > S. 113 führt die Straße Nr. 92 über die Hochebene Fagridalur nach **Reyðarfjörður** **7** > S. 115. Der Ort wirkt seit der Eröffnung der Aluminiumschmelze ge-

radezu städtisch. Auf der Nr. 96 geht es nun durch einen Tunnel und die Küste entlang, die in vielem den Westfjorden ähnelt. **Fáskrúðs-fjörður** **8** > S. 116 lebt seine französische Vergangenheit. In **Stöðvar-fjörður** **9** > S. 115 lohnt ein Besuch der Mineraliensammlung.

Breiðdalsvík H4 liegt an dem breitesten Tal, das sich im Osten eingegraben hat; auf den vorgelagerten Inseln leben Eiderenten und Robben. Hier stößt die Straße auf die Nr. 1. **Djúpivogur** **10** > S. 116 bietet Vogelfreunden Gelegenheit für Beobachtungen. Auch die weitere Strecke eröffnet immer wieder schöne Ausblicke auf das Meer. Schließlich ist **Höfn** **11** > S. 117 am Fuß des Vatnajökull erreicht.

WICHTIGE ADRESSE

East Iceland Regional Inform. Centre
• Adresse und Öffnungszeiten wie Tourist Info Egilsstaðir > **unten.**

UNTERWEGS IM OSTEN

EGILSSTAÐIR **1** G3

Ostislands größte Stadt (2400 Einw.) entstand am Nordufer des Lögurinn in den 1940er Jahren – neben dem Gutshof gleichen Namens. Viele Besucher erkunden von hier aus die ganze Region. Dem Leben in den Ostfjorden und den Bergen widmet sich das **Heimatmuseum** (Laufskógar 1, Tel. 471 1412, 1000 ISK, Juni bis Aug. tgl. 10–18, sonst Di–Fr 11 bis 16 Uhr, www.minjasafn.is).

INFORMATION

Tourist Info
• Miðvangur 1–3 | Egilsstaðir
Tel. 471 2320 | www.east.is
Sommer Mo–Fr 8.30–18.30, Sa/So 9–17, sonst Mo–Fr 12–18, Sa 11–14 Uhr

HOTELS

Gistihúsið Egilsstöðum €€€
Der alte Hof am See ist heute ein Nobelhotel mit Spa und bestem Bio-Restaurant.
• Ringstraße, am Ortseingang
Tel. 471 1114 | www.lakehotel.is

Icelandair-Hótel Herað €€€

Skandinavisch designtes Businesshotel mit üppigem Büffet.

• Miðvangur 5–7 | Egilsstaðir
  Tel. 471 1500 | www.icelandairhotels.com

RESTAURANT

Café Nielsen €€

Große Kuchenvielfalt, guter Kaffee, mittags Büfett, abends italienische Küche. Sommer Mo–Fr 11.30–23, Sa–So 13–23 Uhr.

• Tjarnarbraut 1 | Egilsstaðir
  Tel. 471 2626 | e.cafenielsen.is

SEYÐISFJÖRÐUR 2 ◾ H3

Wer mit der Fähre »Norröna« anreist › S. 26, landet in dieser Kleinstadt am nördlichsten der Ostfjorde, umrahmt von gewaltigen Bergen. Viele bunte Häuser erinnern daran, dass sich Ende des 19. Jhs. hier viele Norweger ansiedelten. Damals war der kleine Handelshafen in Sachen Technik sogar führend im Land, wie ein kleines **Museum** zeigt (Hafnargata 44, Tel. 472 1696, 1000 ISK, Juni–15.Sept. Mo–Fr 11–17 Uhr, www.tekmus.is).

Heute prägt eine lebendige Künstlerszene Bühnen und Ateliers (www.skaftfell.is). Im Sommer bringt ein **Kulturfestival** Ausstellungen und Konzerte, in der hübschen blauen Kirche etwa spielen verschiedene Musiker meist Klassik.

Nahe dem Ort, an der Straße Nr. 93, rauscht der schöne Wasserfall **Gufufoss.**

INFORMATION

Touristeninformation im Fährhaus

• Ferjuleira 1 | Seyðisfjörður

Tel. 472 1551

www.visitseydisfjordur.com

Sommer Mo–Fr 9–16 Uhr, sonst Di, Mi 9–17 Uhr.

VERKEHR

• Nach Seyðisfjörður und Bakkagerði verkehren Busse von Egilsstaðir.

HOTEL

Hótel Aldan & Snæfell €€–€€€

Schwesterhotels in historischen Holzhäusern: das »Aldan« von 1898 in alter und moderner Eleganz – das charmante »Snæfell« eine Kategorie günstiger.

  Nordurgata 2 | Seyðisfjörður
  Tel. 472 1277
  www.hotelaldan.com

BAKKAGERÐI 3 ◾ H3

Den Ort rund 70 km nordöstlich von Egilsstaðir, offiziell Borgarfjörður Eystri (www.borgarfjordureystri.is), schmücken nicht nur viele alte, hübsche Holzhäuser, hier soll auch die Königin der Elfen wohnen. Doch auch auf den großen Sohn des Ortes, den Maler Jóhannes Sveinsson Kjarval › S. 43, ist man stolz. Kopien seiner Bilder und seiner Atelierhütte zeigt das Museum des Gemeindehauses (Juni–Aug. tgl. 12–18 Uhr).

Von Bakkagerði starten Wanderungen in die Einsamkeit des Dyrfjöll-Bergmassivs.

LÖGURINN ◾ G3

Mit 52 km² Fläche und 35 km Länge ist der Lögurinn (Lagarfljót) der drittgrößte See Islands.

Obwohl zahllose Quellflüsse im Fljótsdalur in den See münden, bleibt der trübe Gletscherwassercharakter erhalten. Darin soll das scheue Lagarfljótsormurinn hausen, ein Verwandter der schottischen Nessie.

HALLORMSSTAÐARSKÓGUR 4
🏛 G3

Umrundet man den Lögurinn auf der gut ausgebauten 931, kommt man in Islands größten Wald. Mit der Wiederaufforstung wurde zu Anfang des 20. Jhs. begonnen, somit findet man durchaus 100 Jahre alte Bäume hier, rund 50 verschiedene Arten. Ein Lehrpfad und Spazierwege führen durch den Wald.

UNTERKUNFT
Hotel Hallormsstaður €€
Wellnesshotel mit Restaurant im Wald am See, dazu schlichte Sommerhütten.
• Hallormsstaður
  Tel. 471 2400
  www.hotel701.is

VALÞJÓFSSTAÐUR 5 🏛 G3
Der ehemals bedeutende Hof und seine Kirche wurden im Mittelalter erbaut. Das heutige Gotteshaus von 1966 zeigt weiter die kunstvoll geschnitzte Tür von 1200, mit Szenen aus der Wikingerzeit. Das Original befindet sich im Nationalmuseum in Reykjavik und ist ein Zeugnis der damaligen Handwerkskunst.

Wer sich den **Kárahnjúkar-Damm** ansehen möchte, Islands größtes Bauwerk, fährt auf der steilen Straße 910 etwa 50 km ins Landesinnere.

SKRIÐUKLAUSTUR 6 🏛 G3
Das ehemalige Wohnhaus des Vorkriegsdichters Gunnar Gunnarsson wirkt in seiner Wuchtigkeit befremdlich. Entworfen hat es der deutsche Architekt Fritz Höger 1939 auf dem Land eines Klosters aus dem 15. Jh. Gunnarsson vermachte den Hof nach seinem Tod 1975 dem Staat, der 2000 dann auch das gewünschte Kulturzentrum mit Café darin einrichtete.

Neben Gunnarsons Wohnräumen und einem Museum gibt es auch Ausgrabungsfunde zum Kloster (Sommer tgl. 10–18 Uhr).

RESTAURANT
Klausturkaffi €–€€
Ausgezeichnetes Restaurant: Probieren Sie den Kuchen und die Suppen!
• Tel. 471 2990 | www.skriduklaustur.is

OSTFJORDE
REYÐARFJÖRÐUR 7 🏛 G3
Reyðarfjörður ist seit dem Bau des Aluminiumwerks Alcoa mit rund 1100 Einwohnern der größte Ort an der Ostküste. Die gute Infrastruktur zog viele Bewohner an. Während des Zweiten Weltkriegs befand sich hier eine Militärbasis der Alliierten; das **Isländische Kriegsmuseum** gibt Aufschluss über das Leben der Isländer während der Besatzungszeit (Haeðargerði, Tel. 470 9063, Juni–Aug. tgl. 13–18 Uhr).

FÁSKRÚÐSFJÖRÐUR 8 🏛 H3/4
»Klein-Frankreich« ist der Spitzname des Ortes, denn viele Jahrzehnte lang bis 1920 kamen Fischer aus

Die 350 Einwohner von Djúpivogur leben noch immer vor allem vom Fischfang

Nordfrankreich an die Küste und in den Ort, unterhielten sogar eine Kirche mit Friedhof und ein Krankenhaus.

Noch heute verweisen die zweisprachigen Straßenschilder auf die Verbindung. In der Umgebung gibt es schöne markierte Wanderwege.

HOTEL, RESTAURANT, MUSEUM
Fosshotel Eastfjords €€€
In dem ehemaligen Krankenhaus der Franzosen befinden sich das Hotel, das französisch inspirierte Restaurant **L'Abri** (€€–€€€) und das Museum, das über die Franzosen in Island informiert.
• Hafnargata 11–14 | Fáskrúðsfjörður
  Tel. 470 4070
  www.fosshotel.is

STÖÐVARFJÖRÐUR 9 📖 H4
Mineralienvorkommen und Bergkulisse machen den winzigen Ort zum Ziel, aber auch **Petras Steinmuseum** ist einen Besuch wert

(Fjarðarbraut 21, Tel. 475 8834, www.steinapetra.is, 1500 ISK, Mai bis 15. Okt. tgl. 9–18 Uhr).

UNTERKUNFT
Kirkjubær €
Die ungewöhnlichste Unterkunft im Land: Schlafsackübernachtung in einer schön gelegenen alten Kirche.
• Fjarðarbraut 37a | Stöðvarfjörður
  Tel. 892 3319

DJÚPIVOGUR 10 📖 G4
Der hübsche Ort, ältester Hafen der Ostküste, war seit der Wikingerzeit Fischereizentrum und lange ein wichtiger Handelsstützpunkt. In der Umgebung locken Wanderwege sowie Vogelbeobachtungsfahrten zur Insel Papey, wo auch Islands älteste Holzkirche steht. Nahe Djúpivogur erhebt sich der auffällige, 1069 m hohe Berg **Búlandstindur**, der ähnlich wie der Snæfellsjökull als Energiezentrum gilt.

HOTEL
Hotel Framtíð €€€
Historisches Hotel mit Hütten, Apartments und drei Restaurants (€€) mit guter isländischer Küche, besonders Fisch.
• Vogaland 4 | Djúpivogur
  Tel. 478 8887 | www.hotelframtid.com

HÖFN 🔢 📖 G4/5

Die Stadt mit bedeutendem Fischereihafen liegt am Fuß des **Vatnajökull > S. 124**. Der »Wassergletscher« im Nordwesten lockt Aktivtouristen, das nahe Schutzgebiet **Òsland** die Vogelfreunde, und die bunten Rhyolitberge von **Lónsöræfi** im Nordwesten ziehen Wanderer an.

Das kleine **Heimatmuseum Gamlabúð** im ältesten Haus Höfns (1864) und zwei angrenzenden Gebäuden informiert charmant über die Geologie des Vatnajökulls, die Geschichte Höfns und das Leben der Fischer in der Region (im Sommer tgl. 8–20 Uhr).

Gletschertouren beginnen und enden an der 800 m hoch gelegenen Hütte **Jöklasel**, die man über die Piste F 980 erreicht. Tourunternehmer wie Glacier Jeeps (Tel. 478 1000 oder 894 3133, www.glacierjeeps.is) übernehmen den Transfer ab Höfn.
> mehr S. 13 Punkt ❽

Ein besonderes Erlebnis ist ein **Rundflug** über das Gletscherplateau – allerdings nur bei sehr guten Wetterbedingungen (Eagle Air, Tel. 562 4200, www.eagleair.is).

Die liebevoll arrangierte, private Steinsammlung **Huldusteinn** *(Steinasafn)* versammelt im alten Schwimmbad geologische Schätze

aus allen Teilen Islands (Hafnarbraut 11, Tel. 478 2240, im Sommer tgl. 12–18 Uhr).

INFO
Tourist-Information
• Gamlabúð (am Hafen)
  Tel. 470 8330 | www.vjp.is
  Juni–Aug. 9–19, Mai, Sept. 9–18, Okt.–April 9–17 Uhr

VERKEHR
• **Flughafen:** Ca. 4 km nordwestl. von Höfn, Linienflüge nach Reykjavík und Egilsstaðir, Info: Eagle Air, Tel. 562 2640, www.eagleair.is

UNTERKÜNFTE
Hotel Edda €€€
Großes Gästehaus in der Meeresnähe, geöffnet Mai–Sept.
• Ránaslöð 3 (am Hafen) | Höfn
  Tel. 444 48 50 | www.hoteledda.is

Hotel Höfn €€–€€€
Gediegenes Familienhotel mit dem Restaurantklassiker Ósinn.
• Vikurbraut 20 | Höfn
  Tel. 478 1240 | www.hotelhofn.is

RESTAURANTS
Humarhöfnin €€
Berühmt für seine Langusten frisch vom Schiff, aber auch Lamm und Forelle aus der Region.
• Hafnarbraut 4 | Höfn
  Tel. 478 1200 | www.humarhofnin.is

Kaffi Hornið €–€€
Guter Kaffee, leckerer Kuchen und das Spezialgericht: Hummerkrabben.
• Hafnarbraut 42 | Höfn
  Tel. 478 2600

SÜDEN

Die Crystal Ice Cave im Vatnajökull
kann vom Jökulsárlón aus in einer
Tagestour besucht werden

Einerseits dominiert das mächtige Eisschild des Vatnajökull den Süden, andererseits prägt Landwirtschaft die Region. Wanderungen in Skaftafell oder in den Lavafeldern der Lakagígar begeistern Naturliebhaber.

Der Süden vereint alles, was Island ausmacht: Gletscher, Vulkane, Pferde, Wasserfälle und Sagas.

Der östliche Teil ist vom Gletscher Vatnajökull geprägt. Zwischen Höfn und Jökulsárlón befinden sich zahlreiche Höfe. Weiter westlich dagegen wurde das Land von riesigen Schmelzwassermassen fortgespült, nach Vulkanausbrüchen unter der Gletscherdecke. Übrig sind nur noch Sanderflächen von Skeiðarársandur bis Mýrdalssandur, unterbrochen nur vom Lavafeld Eldhraun bei Kirkjubæarklaustur.

Von Vík bis in den Westen reicht Islands wichtigste Agrarregion. Üppige Weideflächen dank fruchtbarer Lava ermöglichen Schaf- und Rinderzucht und weitläufige Pferdehöfe. Die breiten, schwarzen Strände, vor allem bei Vík, zählen zu den schönsten des Landes. Diese landschaftliche Vielfalt hat den Süden zu einem der beliebtesten Touristengebiete Islands gemacht.

Ein Höhepunkt der Region sind die der Küste vorgelagerten Westmänner-Inseln, von denen nur die Hauptinsel Heimaey bewohnt ist.

TOUREN IN DER REGION

IM BANN DES GLETSCHERS

ROUTE: Höfn > Jöklasel > Jökulsárlón > Skaftafell > Kirkjubæarklaustur > Lakagígar > Vík

KARTE: Seite 120
DAUER: 3 Tage (mit Wanderungen in den Lakagígar 4 Tage)

PRAKTISCHE HINWEISE:
- Zwischen Höfn und Kirkjubæarklaustur gibt es kaum Einkaufsmöglichkeiten, der Laden am Zeltplatz in Skaftafell bietet wenig.
- Die Abstecher nach Jöklasel und zu den Lakagígar erfordern Allradwagen oder den Sommer-Hochlandbus.
- Busse verkehren entlang der Ringstraße sowie zu den Lakagígar (nur Juli/Aug., ab Skaftafell und Kirkjubæarklaustur nach Laki, 3,5 Std. Aufenthalt).

TOUREN IM OSTEN, SÜDEN UND HOCHLAND

TOUR 10

RUND UM DEN LÖGURINN

Egilsstaðir › Hallormsstaðarskógur ›
Végarður › Skriðuklaustur › Egilsstaðir

TOUR 11

DIE FJORDE ENTLANG NACH HÖFN

Egilsstaðir › Reyðarfjörður › Fáskrúðs-
fjörður › Stöðvarfjörður › Breiðdalsvík ›
Djúpivogur › Höfn

TOUR 12

IM BANN DES GLETSCHERS

Höfn › Jökulsel › Jökulsárlón › Skaftafell
› Kirkjubæjarklaustur › Lakagígar › Vík

TOUR 13

VON VÍK ZUR HEKLA

Vík › Skógar › Hvólsvöllur › Hella › Hekla

- Touren mit Jeeps oder Schnee-
mobilen auf den Vatnajökull hat u.a.
Glacierjeeps im Programm
(Tel. 478 1000 oder 894 3133, www.
glacierjeeps.is).

TOUR 13

VON VÍK ZUR HEKLA

> **ROUTE:** Vík › Skógar › Hvólsvöllur ›
> Hella › Hekla
>
> **KARTE:** Seite 120
> **DAUER:** 3 Tage
> **PRAKTISCHE HINWEISE:**
> - Ein Auto ist v. a. für die Fahrt zu
>   den Sagaschauplätzen unerlässlich.
> - Von Hvólsvöllur lässt sich ein
>   Abstecher ins Wandergebiet
>   Þórsmörk einplanen › S. 127.

TOUR-START:

Von **Höfn** › S. 117 geht es auf der
Ringstraße westwärts; kurz vor dem
Ort Smyrlabjörg zweigt die relativ
steile Jeeppiste F 985 zur **Jöklasel-
Hütte** 🚩 F5 auf 840 m Höhe ab. Von
dort werden Skidoo- und andere
Touren auf den »Wassergletscher«
Vatnajökull › S. 124 angeboten.

Weiter geht es zur Lagune **Jökulsárlón** `12` › S. 124, auf der Eisberge treiben. Am Spätnachmittag
kommt man in **Skaftafell** `13` › S. 124
an. Hier wird übernachtet, um am
nächsten Tag eine Wanderung zwischen den Gletscherzungen zu unternehmen, z. B. zum Wasserfall
Svartifoss 🚩 F5.

Eine Stunde dauert die Fahrt
über die Schotterebene Skeiðarársandur bis zum nächsten Übernach-
tungsort **Kirkjubæjarklaustur** `15`
› S. 125. Morgens bricht man dann
in das fantastische Lavagebiet **Lakagígar** `14` › S. 125 auf – die Piste
F 206 ist für Allradwagenfahrer ein
tolles Erlebnis.

Ausgiebig wandern lässt sich in
den Lakagígar oder auch im riesigen Lavafeld Eldhraun an der Ringstraße. Ohne Wandertour kann
man am Nachmittag noch nach **Vík**
`16` › S. 125 fahren. Hier begeistern
die schönen schwarzen Strände und
die Vogelfelsen.

TOUR-START:

Von **Vík** `16` › S. 125 erreicht man via
Ringstraße über den Abzweig Nr.
215 zunächst die Bucht und Neh-
rung **Dyrhólaós** 🚩 D6 – oder weiter
westlich über die Nr. 216 das schroffe, hohe Kap **Dyrhólaey** `17` › S. 126
mit seinem Felsentor. 40 km nordwestlich von Vík liegt der Wasserfall
Skógafoss › S. 126 mit Museum.
Skógar `18` › S. 126 eignet sich als Basis für weitere Ausflüge.

Am nächsten Tag geht es nach
Hvólsvöllur `19` › S. 126. Hier steht zunächst ein Besuch im Sagazentrum
an, danach erkundet man einige
Schauplätze der **Njáls saga.** Die 261
etwa führt nach **Hlíðarendi** 🚩 D5,
dem Hof von Njálls Freund Gunnar.

3 km weiter zweigt die Nr. 250
nach Süden ab. Schon von Weitem
zeigt sich der 178 m hohe Hügel
Stóra-Dímon 🚩 D5, an dem der erste

Mord in der Saga verübt wird. Nach dem Kreuzen der Ringstraße geht es auf der Nr. 252 nach **Bergþórshvoll** ▮ D5/6, wo Njáll mit seiner Familie lebte. In einem Bogen entlang der Küste stößt man auf die Nr. 255, die zurück zur Ringstraße führt.

Nordwestlich von Hvólsvöllur zweigt die Nr. 264 ab zum **Hof Keldur** › S. 128, Heimat des Onkels von Njálls unehelichem Sohn. In einem Bogen gelangt man auf der 264 nach **Hella** 21 › S. 128 mit Übernachtungsplatz am Fluss Rangá.

Am nächsten Tag lockt die Region um den Vulkan **Hekla** 22 › S. 128 zur Erkundung.

62 m tief fällt das Wasser des Skógafoss

› S. 129 (Hafnargata 9, im Sommer tgl. 13–19 Uhr, sonst auf Anfrage, www.icelandicwonders.is).

Etwas weiter auf der Nr. 34 liegt **Eyrarbakki** › S. 129. Heimat- und Seefahrtsmuseum und der schöne Strand lohnen einen Aufenthalt. Die Nr. 34 führt über den Ölfusá, der hier schon sehr breit geworden ist und mehr einer Lagune als einem Fluss ähnelt. Ein Blick in den Hafen von **Þorlákshöfn** 24 › S. 132 lohnt schon wegen der großen Natursteinmauer. Weiter geht es auf der Nr. 38, wo rechts und links des Weges Höfe liegen.

Rund um **Hveragerði** › S. 68 stehen Gewächshäuser, die mit heißem Dampf aus dem Boden betrieben werdden; mitten im Ort liegt ein kleines Thermalgebiet.

TOUR 14

VON SELFOSS NACH HVERAGERÐI

ROUTE: Selfoss › Stokkseyri › Eyrarbakki › Þorlákshöfn › Hveragerði

KARTE: Seite 120
DAUER: 1 Tag
PRAKTISCHER HINWEIS:
• Täglich verkehren Busse zwischen Reykjavík und Selfoss, die auch die kleinen Orte anfahren.

TOUR-START:

Von **Selfoss** 23 › S. 128 geht es auf der Nr. 33 durch grünes Land, an etlichen Höfen vorbei. Wer Elfen und Trolle liebt, stoppt im kleinen Geistermuseum von **Stokkseyri**

WICHTIGE ADRESSEN
• Visit South Iceland: www.south.is
• Westmänner-Inseln: www.visitwestmanislands.com

UNTERWEGS IM SÜDEN

VATNAJÖKULL-NATIONALPARK 📖 E–F5

GLETSCHERLAGUNEN 12 ⭐ 6

Arktisgefühl vermittelt eine Tour mit dem Amphibien- oder Schlauchboot auf den grandiosen Gletscherlagunen. Blassblaue Eisblöcke, die von der Gletscherzunge des Vatnajökull abbrechen, treiben im bis zu 180 m tiefen Wasser des **Jökulsárlón** (Tel. 478 2222, www.icelagoon.is, Café ganzjährig geöffnet).

Man kommt nah heran an die Gletscherzungen im Vatnajökull-Nationalpark

10 km westlich davon liegt die ebenso großartige Lagune **Fjallsárlón** (www.fjallsarlon.is).

SKAFTAFELL 13 ⭐ 7 📖 F5

Schnüren Sie die Trekkingschuhe – es erwarten Sie sechs Haupttouren von einer bis zu sieben Stunden Dauer und zahlreiche Varianten. Dabei kommt man einer der Gletscherzungen des gigantischen **Vatnajökull** ⭐ recht nahe – und auf den umliegenden Bergen mit Höhen von 1000–1500 m hoch hinaus. Gut zu bewältigen ist der Weg zum hübschen Wasserfall **Svartifoss** (ca. 90 Min.), dessen Kulisse ein Halbrund aus Basaltsäulen bildet.

1967 wurde der Skaftafell-Nationalpark gegründet, seit 2008 ist er Teil des größten europäischen Nationalparks Vatnajökull. › mehr S. 16 Punkt 28 Skaftafell zeichnet sich durch seine vielfältige Flora und Fauna aus. Im Habitat mit Birkenwäldchen, Zwergstrauchheide und Arktischen Weideröschen lassen sich Rotdrosseln, Alpenschneehühner, Bergfinken und viele andere Vogelarten beobachten.

Weht der Wind aus Nordwesten, beschert Föhn dem Park häufig mildes Wetter – die meisten Wolken regnen bzw. schneien sich dann an der Nordwestseite des Vatnajökull-Massivs ab. Der Gletscher bedeckt eine Fläche, die etwa halb so groß ist wie Schleswig-Holstein, unter seinem stellenweise 1000 m dicken Eispanzer verbergen sich aktive

Vulkane wie die Grímsvötn. Beim Ausbruch Ende 2011 stiegen die Aschesäulen 13 km hoch.

INFO
Skaftafell-Besucherzentrum
• Tel. 470 83 00
  www.vatnajokulsthjodgardur.is
  Mai–Sept. 9–19 Uhr, während der übrigen Monate entsprechend kürzer

HOTELS/RESTAURANTS
Hótel Skaftafell €€€
Große schlichte Zimmer, nahe dem Eingang zum Nationalpark.
• Freysnesi | Öræfi
  Tel. 478 1945 | www.hotelskaftafell.is

Fosshotel Glacier Lagoon €€€
4-Sterne-Haus mit Restaurant zwischen Gletscher und Lagune.
• Hnappavellir | Öræfi
  Tel. 514 8300 | www.fosshotel.is

LAKAGÍGAR 14 ⭐ ❚ E5

Mehr als 100 Krater reihen sich 27 km entlang der Spalten, die vom Vatnajökull bis in den Südwesten verlaufen. Der Berg **Laki** (818 m) gliedert die Spalten in zwei gleich große Teile. Vom Berg hat man einen guten Blick auf die Kette. Die Atmosphäre dieser Lavalandschaft ist einzigartig: kaum ein Geräusch, und ein Farbenspiel von Graugrün über Rot bis Schwarz.

Der Laki-Ausbruch 1783/84 und seine Folgen zerstörten vor Ort 17 Höfe, verseuchten im weiten Umkreis Weiden und Gewässer und sorgten durch Verdunklung der Atmosphäre sogar weltweit für Missernten und Hungersnöte.

KIRKJUBÆJAR-KLAUSTUR 15 ❚ E5

Schon im Namen der 130-Seelen-Gemeinde am Ostrand des kargen Mýrdalssandur stecken »Kirche« und »Kloster«: Zwischen dem 11. und 16. Jh. existierte an dieser Stelle eine Benediktinerinnen-Abtei, von der nur noch Reste sichtbar sind. Vermutlich lebten irische Mönche hier schon vor der Landnahmezeit. Außerdem ragen nahe dem Campingplatz Kleifar, an der Straße 203, wundersam abgeschliffene Endstücke unterirdischer Basaltsäulen auf, die bildhaft *Kirkjugólfð*, Kirchenfußboden, genannt werden.

INFO
Tourist Info Skaftárstofa
  Klausturvegur 10 | Kirkjubaejarklaustur
  Tel. 487 4620 | www.visitklaustur.is
  19. April–15. Okt. tgl. 10–17 Uhr

HOTELRESTAURANT
Hótel Geirland €€
Hütten und Langhäuser im skandinavischen Stil, rund 1 km nördlich mitten im Grünen, mit Restaurant.
• Hof Geirland an Straße 203
  Tel. 4 87 46 77 | www.geirland.is

VÍK Í MÝRDAL 16 ❚ D6

Der südlichste Küstenort Islands ist das Dienstleistungszentrum der Region. Seine Küste besticht durch drei markante Felsspitzen im Meer, die **Reynisdrangar** (der Legende nach beim Raubzug versteinerte Nachttrolle), und den tiefschwarzen

Reynisfjara-Strand, der als einer der schönsten Lavastrände Europas gilt. › mehr S. 16 Punkt ㉗

Ein nahes Denkmal erinnert »an die Seeleute, die in der deutschen Islandfahrt ihr Leben verloren«, und an isländische Seenotretter.

INFO

Tourist-Info Brydebúð
Hier ist auch das Besucherzentrum des Katla-Geoparks (www.katlageopark.is).
• Vikurbraut 28 | Vík í Mýrdal
Tel. 487 1395
www.visitvik.is
Mai–Aug. Mo–Fr 8–18, Sa, So 11–17 Uhr

HOTELS/RESTAURANTS

Hótel Katla-Höfðabrekka €€€
Idyllisch gelegenes Haus mit geräumigen Zimmern, Restaurant und vier Hot Pots.
• 5 km östlich von Vík | Tel. 487 1208
www.hotelkatla.is

Icehotel Vík €€€
Großes Haus in toller Lage neben den Víkurhamrar-Klippen. Meerblick, Sommerhäuser und sehr gutes Hotelrestaurant.
• Klettsvegur 1–3 | Vík | Tel. 444 4000
www.icehotels.is

DYRHÓLAEY 🔟 📖 D6

Nahe Skeiðflötur zweigt die kleine Straße 218 zum **Kap Dyrhólaey** ab, der Südspitze des Festlands mit schwarzem Sandstrand und Leuchtturm. Das Markenzeichen am Kap ist 120 m hoch und ein Werk der Wellen, der auch den Namen gab: Türhügelinsel. Da an der Küste Seevögel brüten, darf man das Gebiet erst ab Ende Juni befahren.

SKÓGAR ⭐ 🔟 📖 D6

Beliebtestes Fotomotiv am kleinen Ort ist der 62 m hohe Wasserfall **Skógafoss,** der vom Schmelzwasser der Gletscher Eyjafjallajökull und Mýrdalsjökull gespeist wird. Etwas oberhalb des Wasserfalls liegt ein Aussichtspunkt. › mehr S. 13 Punkt ❼

Nicht weit vom Wasserfall befindet sich, zusammen mit einem Torfhaus-Ensemble, das **Volkskunde- und Transportmuseum Skógasafn.** Es gilt als bestes seiner Art im Land und enthält eine umfangreiche Sammlung alter Geräte, Maschinen aus der Landwirtschaft, Fahrzeuge, Boote und Wohnungseinrichtungen. Wer Glück hat, trifft den rührigen Sammler, der das Museum eingerichtet hat (Juni–Aug. tgl. 9–18, Sept.–Mai 10–17 Uhr, 2000 ISK, Tel. 487 8845, www.skogasafn.is).

HOTELS/RESTAURANTS

Hotel Skógafoss €€
Freundliche, einfache Räume direkt am Wasserfall, mit Restaurant.
• Skógar | Tel. 487 8780
www.hotelskogafoss.is

Hotel Edda Skógar €€
Sommerhotel mit gutem Restaurant.
• Skógar | nur Juni Aug.
Tel. 444 4830 | www.hoteledda.is

HVOLSVÖLLUR 🔟 📖 D5

Der Ort entwickelte sich ab den 1930er-Jahren zu einem Dienstleistungs- und Handelszentrum der Region. Er ist ein guter Startpunkt für Erkundungen der nahen Vulkane oder auf den Spuren der berühmten Njáls saga, einem Drama um den Rechtsgelehrten Njáll Þórgeirsson, dessen Freund, den Krieger Gunnar, und ihre Frauen.

Eine gute Einführung bietet das **Sagazentrum,** wo auch in einer Ausstellung Islands Wikingerzeit beleuchtet wird. Hier erhält man eine Karte mit den wichtigsten Schauplätzen der Njáls saga in der Umgebung ▸ S. 122 (Sögusetrið, Hliðarvegur 14, Tel. 487 8781, 700 ISK, Mai–Aug. tgl. 11.30–23, sonst tgl. 17–22 Uhr, www.njala.is).

AUSFLUG NACH ÞÓRSMÖRK 20 ★ 📖 D5

Die Piste F 249 in das großartige Naturreservat ist aufgrund etlicher reißender Furten nur von sehr erfahrenen Allradfahrern zu bewältigen. Es empfiehlt sich, für diesen Abstecher den Bus zu nehmen (ab Hvolsvöllur, Mitte Juni–Mitte Sept., www.trex.is, auch Buchung von Unterkünften).

Von der Ringstraße fährt man zunächst auf der 249 am **Seljalandsfoss** vorbei. Hier gibt es ein Stehcafé am einem großen Parkplatz, von wo aus ein Weg hinter dem Wasserfall vorbeiführt. Ziehen Sie sich dafür eine Regenjacke an! Der Weg ist gut zu erkennen.

Weiter geht es auf der Piste über etliche Furten in das Tal »Wald des Thor« zwischen den Gletschern Mýrdals- und Eyjafjallajökull. Isländer kennen die Schönheit des Tals und Wanderer schätzen es als besonders attraktives Gebiet, darum sind Hütten und Campingplätze der Wandervereine dort oft ausgebucht.

Von Þórsmörk aus kann man in 3–4 Tagen auf dem beliebten 54 km langen **Laugavegur,** bis nach Landmannalaugar ▸ S. 146 wandern.

Vor der Küste bei Dyrhólaey sieht man die versteinerten Nachttrolle als Felsen im Meer

HELLA 21 📖 D5

In der Umgebung des kleinen Orts liegen zahlreiche Wohnhöhlen, die vermutlich noch vor der Landnahmezeit von keltischen Mönchen oder Einsiedlern zum Schutz vor Wind und Wetter in die weiche Erde gegraben wurden. Einige sind bis zu 6 m lang.

Ca. 3 km östlich von Hella zweigt die Straße Nr. 264 zum sehr schönen Torfhof **Keldur** ab, der heute ein Museum ist. Schon um 1200 entstand die Haupthalle, gegen 1630 kamen weitere Gebäudeteile, 1875 dann die hübsche, wellblechverkleidete Kirche hinzu. Keldur ist vermutlich das älteste erhaltene Gebäude Islands und spielte auch eine Rolle in der Njáls saga (Juni–Aug. tgl. 10–18 Uhr, 1200 ISK).

UNTERKUNFT/RESTAURANT

Árhús Hellu €–€€

Alles an einem Ort: Infozentrum, Unterkünfte, Restaurant sowie ein großer Zeltplatz mit 28 Hütten in wunderschöner Lage. Bietet auch Touren und andere Outdoor-Aktivitäten an.

• Am Rangá-Ufer | Hella
  Tel. 487 5577 | www.arhus.is

AUSFLUG ZUR HEKLA

22 ⭐ 📖 D5

Die Straße 26 führt direkt zu Islands bekanntestem Vulkan, der Hekla. 1491 m hoch ist das Massiv, das sich aufgrund der häufigen Ausbrüche stetig verändert, im Durchschnitt jedes halbe Jahrhundert. Bis ins

17. Jh. galt die Hekla in ganz Europa als Tor zur Hölle – wie sonst hätte man die verheerenden Ausbrüche erklären sollen? 1104 zerstörte eine Eruption die blühende Landschaft und Höfe in Þjórsárdalur. Der längste Ausbruch dauerte zwei Jahre, und beim bislang stärksten Ausbruch im 20. Jh., 1947, wurde die Vulkanasche bis nach Finnland getragen.

Wer sich über die vielen Ausbrüche informieren möchte, sollte das kleine **Hekla-Dokumentationszentrum** *(Heklumiðstöðin)* am Fuß des Vulkans besuchen (ca. 20 km nördlich von Hella, im Sommer tgl. 10 bis 21 Uhr, www.leirubakki.is).

HOTEL

Leirubakki €–€€€

Gemütliches Gästehaus mit Zeltplatz auf einem Reiterhof, an der Straße 26 zur Hekla.

• Tel. 487 8700 | www.leirubakki.is

SELFOSS 23 📖 C5

Südislands größte Stadt (6950 Einw.) ist Sitz der größten Molkerei des Landes und ein wichtiger Verkehrsknotenpunkt. Die schöne Lage am Fluss Ölfusá unter dem Tafelvulkan Ingólfsfjall sowie ein breites Freizeitangebot – Touren in die Umgebung, Angeln oder Golfen auf dem Platz am Ölfusá-Ufer – lohnen einen längeren Aufenthalt.

INFO

Árborg District Information Office

• Austurvegur 2 (Bibliothek) | Selfoss
  Tel. 482 4241 | www.visitarborg.is
  Mai–Aug. tgl. 8–18, Sept.–April Mo–Fr
  8–16 Uhr

Der harmlose Anblick täuscht – die Hekla ist einer der aktivsten Vulkane Islands

UNTERKUNFT

Gesthús €€

Gemütliche Hütten für vier Personen mit eigener Dusche/WC und Küche. Zentral und dennoch lauschig gelegen, zwei warme Pools. Angeschlossen ist ein schöner Campingplatz.

• Engjavegur 56 | Selfoss
  Tel. 482 3585 | www.gesthus.is

STOKKSEYRI UND EYRARBAKKI ▮ C5

Die beiden kleinen Fischerorte südlich von Selfoss wirken mit ihren recht gut erhaltenen alten Häusern wie Relikte aus den glorreichen alten Zeiten, als sie noch bedeutende Häfen und Handelsplätze waren.

Húsið, 1765 für einen dänischen Händler als Wohnhaus errichtet, ist das älteste Haus von Eyrarbakki und beherbergt jetzt das **Árnessýsla-Heimatmuseum** (Eyrargata 50, Tel. 483 1504, 1000 ISK, Mai–Sept. tgl. 11–18 Uhr, www.husid.com).

Das **Seefahrtsmuseum** in der Nähe *(Sjóminjasafnið á Eyrarbakka)* gruppiert sich um ein Fischerboot aus dem Jahr 1915 (Túngata 59, sonst wie Husið).

Stokkseyri lockt neben Naturtouren vor allem mit dem kleinen **Doppelmuseum** über Elfen, Geister und Naturwunder (www.icelandicwonders.is › S. 123).

RESTAURANT

Fjöruborðið €€–€€€

Berühmt für seine Langustengerichte, sehr beliebt, urig mit Terrasse zum Meer.

• Stokkseyri | Eyrarbraut 3a
  Tel. 483 1550 | www.fjorubordid.is

💬 EIS & ERUPTIONEN HAUTNAH

März 2010: Der Eyjafjallajökull bricht aus und legt die Luftfahrt über Europa lahm

Islands Reiz sind die ungezähmten Naturgewalten, die sich Reisenden gut erschließen. Problemlos können Sie zischenden Geysiren, brodelnden Schlammtöpfen, donnernden Wasserfällen, Gletschern und heißen Thermalquellen nahe kommen.

VULKANAUSBRUCH (FAST) LIVE

Im **Volcano House** in Reykjavík (Café, Mineralienausstellung) laufen stündlich ab 11 Uhr auf Englisch, bei Bedarf auch auf Deutsch, Filme etwa über die Ausbrüche auf Heimaey und den des Eyjafjallajökull (2010).

Wer einen Ausbruch erspüren und erleben will, hat dazu die Möglichkeit im interaktiven Museum **Eldheimar** auf Heimaey. Zu sehen sind nicht nur die Eruptionen des Eldfell im Jahr 1973, sondern auch die Entstehung des nahen Inselchens Surtsey.

Neu, interaktiv und mit Vulkanausbruch-Kino ist auch das große **Lava Centre** in Hvolsvöllur, samt Café und Dachterrasse für den Rundumblick auf Hekla und Eyjafjallajökull.

• **Volcano House** 🏛 C5
Tryggvagata 11 | Reykjavík
Tel. 555 1900
www.volcanohouse.is
Tgl. 9–22 Uhr, 1790 ISK

- **Eldheimar** 📱 D6
  Gerðisbraut 10 | Heimaey
  Vestmannaeyjar
  Tel. 488 2700 | www.eldheimar.is
  Tgl. 11–18 Uhr, 2300 ISK
- **Lava-Centre** 📱 D5
  Austurvegur 14 | Hvolsvöllur
  Tel. 415 5200 | www.lavacentre.is
  Tgl. 9–21 Uhr, ab 1200 ISK

AUF UND IN EINEN GLETSCHER

Gletschereis hat Island reichlich, und wer an der Südküste unterwegs ist, wird einen Abstecher auf den **Vatnajökull** › S. 124 oder zu dessen **Gletscherlagunen** › S. 124 einplanen. Auch andere Gletscher sind zugänglich, z. B. der **Langjökull** (mit ca. 1025 km^2 zweitgrößter Islands), oder der **Snæfellsjökull** im Westen. Besonders eindrucksvoll ist es im Inneren der Gletscher – in einer der blauweiß schimmernden Eishöhlen. Gletschertouren sind nur mit Guide ungefährlich, z.B. mit:

- **Mountaineers of Iceland** 📱 C5
  Köllunarklettsvegur 2 | 104 Reykjavík
  Tel. 580 9900
  www.mountaineers.is
- **Into the glacier** 📱 C5
  Viðarhöfði 1 | 110 Reykjavik
  Tel. 578 2550 | www.intotheglacier.is

NEUE UND ALTE GEYSIRE

Vor den Augen einer Wanderergruppe brach am 29. Juni 2003 am Ende der Kerlingarfjöll-Piste, auf dem Weg zum Snækollur, urplötzlich der Boden auf, und heißer Schlamm, Dampf und Wasser schossen hervor: Seither gibt es auf Island einen Geysir mehr – wenn auch nur einen ganz kleinen, der zu-dem unregelmäßig spuckt. Das Kerlingarfjöll-Gebiet ist geologisch besonders aktiv.

Am bekanntesten sind die Springquellen im Thermalgebiet Haukadalur – eine regelmäßige, bis 35 m hohe Fontäne produziert dort der **Strokkur** › S. 67 neben dem legendären Großen Geysir.

WASSERFÄLLE IN MENGEN

Zu den schönsten Wasserfällen am Wegesrand zählen die bekannten **Hraunfossar** › S. 81 an der Straße 518 bei Reykholt. Auf über 1 km Breite quellen zahllose Kaskaden aus einem schwarzbraunen Lavahang und ergießen sich in den Fluss Hvítá. Für Nachschub sorgt stets das Schmelzwasser des Langjökull.

Mit 198 m ist der **Glymur** am Hvalfjörður › S. 74 Islands höchster Wasserfall. Weitere beeindruckende Fälle sind **Gullfoss** › S. 67, **Skógafoss** › S. 126, **Dettifoss** › S. 105, **Goðafoss** › S. 99 und v. a. der **Dynjandi** › S. 86.

GEFÜHRTE TOUREN

Wer nicht auf eigene Faust losziehen will, kann sich einer organisierten Tour anschließen. Besuche von Lavahöhlen oder geothermischen Gebieten sind besonders spannend. Einige Anbieter verbinden das noch mit kleinen Abenteuern.

Touren kann man buchen im **Volcano House** in Reykjavík › S. 130 oder bei zahlreichen Anbietern, z.B.:

- **Iceland Travel** 📱 C5
  Skógarhlíð 12 | 105 Reykjavík
  Tel. 585 4300
  www.icelandtravel.is

ÞORLÁKSHÖFN 24 ■ C5

Der Ort ist neben Gríndavík im Westen und Höfn im Osten der dritte große Hafen und Wirtschaftsort der Südküste. Am nahen Strand des breiten Ölfusá-Fjords filmte Clint Eastwood Teile von »Flags of our Fathers«.

Sein Namenspatron, St. Þorlákur, der einzige Heilige Islands (1130 bis 1193), war 1178 Bischof von Skálholt. Aus 56 Einzelteilen setzte Gunnstein Gíslason das Altarbild in der sehenswerten Þorlákskirkja zusammen (im Sommer geöffnet).

Wer sich für Glaskunst interessiert, ist im Atelier **Hendur í Höfn** richtig. Die Künstlerin verwendet Asche vom Eyjafjallajökull und Sand vom nahe gelegenen Strand und bietet auch Kurse an. Dazu gibt es ein gemütliches Café (Unnubakka 10–12, Tel. 848 3389, Di–So 11–21 Uhr, www.hendurihofn.is).

WESTMÄNNER-INSELN

Steilwände, aus denen das Meer Höhlen herausgespült hat, schroffe Klippen und spitze Gipfel künden davon, wie rau es hier zugeht: An über 70 Tagen im Jahr pfeift der Wind mit mehr als 9 Beaufort – d. h. Sturmstärke – über die 15 Westmänner-Inseln hinweg, von denen nur die Hauptinsel Heimaey bewohnt ist.

Die Wetterstation am Stórhöfði, dem südlichsten Punkt Islands, gilt als windreichste Europas. Kein Wunder, dass hier die Wellen die Inseln fast täglich annagen – doch aus dem Erdinnern dringt dann und wann »Nachschub« empor, denn die *Vestmannaeyjar* sind, genau betrachtet, die Spitzen unterseeischer Vulkane, also auf flüssigheißen Grund gebaut. Vier Jahre (1963–1967) dauerte der unterseeische Ausbruch, der eine neue Insel schuf: Surtsey. Sie darf nicht betreten, nur umrundet werden.

Die Inselgruppe verdankt ihren Namen übrigens irischen Sklaven, von den ersten norwegischen Siedlern »Männer aus dem Westen« genannt. Diese »Westmänner« hatten ihren Herrn Hjörleifur, einen Halbbruder des ersten norwegischen Siedlers Ingólfur Arnarson, erschlagen und waren danach auf eine der Inseln geflohen.

HAUPTINSEL HEIMAEY
25 ⭐ 9 ■ D6
DIE »INSELHAUPTSTADT«

Wenn der Hafen in Sicht kommt, sieht man an dessen linker Seite die rostbraune Lavawand, die vom Ausbruch des Eldfell 1973 stammt. Der Ort **Heimaey** mit seinen 4300 Einwohnern wirkt beschaulich, obwohl er mit zu den wichtigsten Fischereiorten des Landes zählt. Ein wachsendes Straßennetz zieht sich über die 13,4 km² große Insel.

Wer auf dem Skólavegur in Richtung Ortszentrum geht, stößt an der Ecke zum Kirkjuvegur auf die 1778 erbaute **Landakirkja,** eine der ältesten Steinkirchen Islands. Die Kirche, die aus der meterhohen Asche wieder ausgegraben wurde, steht direkt neben dem Friedhof, dessen verschütteter Torbogen damals als Foto um die Welt ging.

Das **Heimatmuseum** gewährt Einblicke in Alltag und Geschichte der Bewohner Heimaeys, die vom Fischfang, zunehmend aber auch vom Tourismus leben. (Ráðhúströð, Tel. 488 2045, 1000 ISK, Mai–Sept. tgl. 10–17, sonst Sa 13–16 Uhr, www.sagnheimar.is).

Früher durften im Sommer Papageitaucher gejagt sowie ihre Eier gesammelt und verzehrt werden, woraus sich der wagemutige Volkssport des Seilschwingens an steilen Klippen entwickelt hat.

Ein wunderbarer Ort, um sich über die Fauna rings um die Inseln zu informieren, ist das **Naturkundemuseum und Aquarium Sæheimar** (Heiðarvegur 12, Tel. 481 1997, 1200 ISK, Mai–Sept. tgl. 10–17, sonst Sa 13–16 Uhr, www.saeheimar.is).

Besuchen Sie Heimaey möglichst am ersten Wochenende im August (Zimmer vorbuchen!). Dann nämlich steigt das **Þjóðhátíð-Fest,** mit dem man an die Einführung der isländischen Verfassung 1874 erinnert. Junge Männer messen sich bei Seilschwing-Wettbewerben. Nachts versammeln sich Tausende vor Stapeln von Holzpaletten, die mit Benzin und Streichhölzern in ein Flammenmeer verwandelt werden.

INFO

Tourist-Information
- www.vestmannaeyjar.is
  www.visitwestmanislands.com

VERKEHR

- **Fährverbindung:** Im Sommer verkehrt die Fähre »Herjólfur« (Tel. 481 2800, www.herjolfur.is) 4–5mal tgl., im Winter 3–5mal tgl. ab dem Festlandshafen **Landeyjahöfn/Bakki** nach Heimaey und wieder zurück; die Überfahrt dauert 40 Min.
- Von Reykjávik fährt ein Bus direkt nach Landeyjahöfn, sodass der Ausflug auf die Westmännerinseln sogar als Tagestrip von der Hauptstadt aus machbar ist.
- **Flugverbindung:** Der Flugplatz liegt ca. 1,5 km südlich der Innenstadt von Hei-

Die Stadt Heimaey auf der gleichnamigen Insel der Vestmannaeyjar

maey (Transfer mit dem Taxi), mehrmals tgl. Flüge mit **Eagle Air**, Tel. 562 42 00, www.eagleair.is.

HOTELS

Hótel Vestmannaeyjar €€€

Gut ausgestattetes Hotel im Ortskern mit Whirlpool, Sauna und dem Spezialitätenrestaurant »Einsi Kaldi«.

• Vestmannabraut 28 | Heimaey
Tel. 481 2900
www.hotelvestmannaeyjar.is

Aska Hostel €

Zentral gelegen in einem älteren Haus und hübsch ausgestattet mit Gemeinschaftsräumen. Wäsche kann gewaschen werden.

• Bárustíg 11 | Heimaey
Tel. 662 7266 | www.askahostel.is

RESTAURANTS

Slippurinn €€–€€€

Tradition und Innovation in der einstigen Maschinenhalle zaubert Gaumenschmaus, vor allem rund um den Fisch. Mit Bar.

• Strandvegur 76 | Heimaey
Tel. 481 1515 | www.slippurinn.com

Gott €€–€€€

Lecker und »gut«, die großartige Küche mit Biozutaten im kleinen Restaurant. Probieren Sie auch den Kuchen!

• Bárustígur 11 | Heimaey
Tel. 481 3060 | www.gott.is

AUF DER INSEL UNTERWEGS

Wer einmal einem aktiven Vulkan zu Leibe rücken möchte, sollte den halbstündigen Marsch vom Ort hinauf zum dampfenden Krater **Eldfell**, der 1973 entstanden ist, nicht scheuen – trotz der lockeren Lava und der unterwegs zunehmend warmen Erde, die beide gutes Schuhwerk erfordern. Am Rand des Ortes liegen noch immer Häuser unter der Lavaschicht verschüttet – die alte Ausgrabungsstelle gilt als »Pompeji des Nordens«. Hier bietet das **Museum Eldheimar** (»Heim des Feuers«) faszinierende Einblicke in Vulkanausbrüche und ihre Folgen ▸ S. 130.

Weiter gen Norden liegt die Befestigungsanlage **Skansinn**, die die Dänen Ende des 16. Jhs. anlegten. Dort steht auch der Nachbau einer Stabkirche, ein Geschenk der Norweger.

Entlang der Küsten im Norden erstrecken sich steil abfallende Klippen. Wer sie erklimmt, kann den Ausblick genießen und Papageitaucher beobachten. Ideal dafür ist **Heímaklettur**, mit 283 m höchster Berg der Insel, ebenso die Klippen um **Herjólfsdalur** – hier gibt es einen schönen **Campingplatz.** Dass die Vögel an den großen Vogelfelsen von Skarfatangi, Sæfjall und Ræningjatangi südlich des Helgafell oder Kaplagjóta im Westen bzw. Stóra-Klif, Litla-Klif und Ysti-Klettur im Norden so scheu sind, ist verständlich – sie gelten auf der Insel als Delikatesse.

Vom Meer aus sind die Klippen und Brutfelsen noch eindrucksvoller, eine Tour dauert anderthalb Stunden. Ein Ziel ist etwa die Meereshöhle **Klettshellir** mit toller Akustik. Anbieter: Eyjamynðir Inseltouren (Tel. 481 1045, tourist.eyjar.is), Ribsafari (Tel. 661 1810, www.ribsafari.is), Viking Tours (Tel. 488 4884, www.vikingtours.is).

HOCHLAND

Die Kjölur-Route durch das Hochland

Abenteuer in unberührter Natur, zwischen Gletschern, Vulkanen, Flüssen und heißen Quellen, warten im einsamen und wilden Landesinneren auf Allradwagenfahrer, Wanderer und Mountainbiker.

Islands Wildnis reicht vom Gletschertal Kaldidalur im Westen bis zur Askja und den Lónsöræfi-Hängen im Osten. Im Norden grenzt das Hochland an den See Mývatn, im Süden an die Gletscher Vatnajökull und Mýrdalsjökull. Schotter- und Lavaebenen, wuchtige Vulkankrater und das Eis der Gletscher sind die einzigen Begleiter hier im »Reich der Verfemten«, wo sich früher mit der Acht bestrafte Verbrecher oft versteckten, und nur mit Glück und Überfällen überleben konnten.

Durch die Jahrhunderte waren die beiden Hochlandpisten Kjalvegur und Sprengsandsleið wichtige Nord-Süd-Verbindungen, und auch die anderen Routen wurden als Reitwege genutzt. Doch das riesige, menschenleere Gebiet auf einer Höhe von rund 600 m ist nicht nur unwirtlich, es birgt aufgrund seiner Wetterumschwünge auch Gefahren.

Heute wie früher ist gute Vorbereitung ein Muss – unterwegs gibt es keine Tankstellen und so gut wie keine Versorgungsstellen. Mobiltelefone funktionieren nur bedingt!

Doch die Landschaft hat ihren besondern Reiz, sogar bei schlechtem Wetter: Die Farben der Pflanzenkissen leuchten umso intensiver, und die bizarren Lavaskulpturen scheinen an manchen Strecken zum Leben zu erwachen.

Auf dem Weg nach Hveravellir

TOUREN IN DER REGION

TOUR
15

KJÖLUR UND SPRENGISANDUR

ROUTE: Reykjavík › Gullfoss › Kerlingarfjöll › Kjölur › Hveravellir › Blanda › Akureyri › Goðafoss › Sprengisandur › Nýidalur › Reykjavík

KARTE: Seite 120
DAUER: mindestens 2 Tage
PRAKTISCHE HINWEISE:
- Wer die Strecken selber fahren möchte, braucht einen Geländewagen und für Sprengisandur Erfahrung mit dem Furten von Flüssen. › auch Seitenblick S. 140 »Tipps für Allradwagenfahrer«.
- Beide Strecken befahren Busse von Ende Juni bis Ende Aug. täglich: die Sprengisandur-Route (Landmannalaugar–Mývatn und Gegenrichtung, Fahrzeit 10 Std.) mit 20- bis 45-minütigen Stopps in Hrauneyjar, Nyidalur, Aldeyjarfoss und Fosshóll/Goðafoss sowie die Kjölurstrecke von Mitte Juni bis Mitte Sept. (Reykjavík–Akureyri und umgekehrt, Fahrzeit 9 Std.), mit längeren Pausen bei Geysir, Gulfoss und Hveravellir.
- Fahrpläne und andere detaillierte Infos zu den Strecken unter www.nat.is/travelguideeng/bus_stop_the_interior.htm.

TOUR-START:
Beide Nord-Süd-Pisten, Kjölur wie Sprengisandur, garantieren unvergleichliche Naturerlebnisse, Weite und Stille. Von **Reykjavík** › S. 55 kommend, passiert man zunächst die berühmtesten Sehenswürdigkeiten am **Goldenen Kreis:** Geysir, Strokkur › S. 67 und Gullfoss › S. 67.

Nur wenig nördlich des Gullfoss geht die Teerstraße dann in eine gute Schotterpiste über: Die **Kjölur-(Kjalvegur-)Route** (Straße Nr. 35) › S. 141, die vom Gullfoss zwischen den Gletschern Langjökull und Hofsjökull ins Blöndudalur im Norden führt, ist sicher die am leichtesten zu befahrende Hochlandroute. Flussquerungen wurden durch Überbrückungen entschärft, damit die schweren Baufahrzeuge zum inzwischen längst fertiggestellten Blöndulón-Damm gelangen konnten. Die verbesserte Trasse mindert die landschaftlichen Reize jedoch überhaupt nicht: Schroffe Täler und weite Schotterebenen, heiße Thermalquellen und dampfende Solfataren reihen sich entlang der 185 km langen Strecke.

Die Verbindung über die Kjölur-Hochebene als Inlandspassage wurde schon im Mittelalter genutzt. Der alte Weg »Kjal« verläuft westlich der heutigen Straße (35).

Die Straße windet sich zunächst über den 610 m hohen Pass **Bláfellsháls** ▊ D4, von dem man einen tollen Blick nach Süden hat. Auf der weiteren Fahrt erblickt man im

Westen den Gletscher **Langjökull** 🏔 D4, dessen Randgebiete sich immer wieder anders präsentieren. Weiter nordöstlich ragen die markanten Gipfel des Gebirges **Kerlingarfjöll** 28 › S. 141 und der Gletscher **Hofsjökull** 🏔 D/E4 auf. Vorbei geht es am Lavafeld Kjalhraun, an dessen Nordrand das Thermalgebiet **Hveravellir** 30 › S. 142 liegt; das Straßenschild zum Thermalgebiet, das man über einen abzweigenden, gut befahrbaren Schotterweg erreicht, ist nicht zu übersehen. In Richtung Norden bessert sich der Zustand der Piste immer mehr.

Man fährt nun durch das Moorland Auðkúluheiði mit dem großen Stausee **Blöndulón** 🏔 D3. Die Nr. 35 endet dann am Kraftwerk **Blanda** 31 › S. 142, von dem es nicht mehr weit bis zur Straße Nr. 1 nach **Akureyri** › S. 95 ist, wo man übernachtet.

Der zweite Tag führt entlang dem Fluss Skjálfandaflót über die **Hochlandpiste Sprengisandur (F 26)** › S. 142 zurück nach Süden. Sie folgt weitgehend jenem Weg, den man einst zu Pferd von den Ostfjorden nach Þingvellir ritt. Erst 1933 befuhr erstmals ein Auto die 213 km lange, landschaftlich höchst reizvolle Strecke – inzwischen sind auf ihr Überland-Linienbusse und Allradwagen ebenso unterwegs wie Mountainbiker und Motorradfahrer.

Im Nordosten markiert die Straße Nr. 842 durch das Bárðardalur ab **Goðafoss** › S. 99 den Beginn der anschließenden Piste F26, die eigentliche Sprengisandur-Route. · Grauschwarze Hochlandwüste do-

miniert für 70 km den Weg – einen Abstecher lohnt das Thermalgebiet **Laugafell** 32 › S. 142 mit Bademöglichkeit –, dann endlich taucht wie eine Oase im Nichts **Nýidalur** 34 › S. 143 auf, seit Jahrhunderten ein beliebter Rastplatz. In der Nachbarschaft liegen die Gletscher Hofsjökull und Tungnafellssjökull.

Der südliche Teil der Strecke ist bedeutend flussreicher. Bei Kilometer 147 muss eine Furt durch die Svartá bewältigt werden. Nach Passieren des **Hochlandzentrums Hrauneyjar** 35 › S. 144 und dem Verlassen der Piste F 26 bei dem Kraftwerk Búrfell geht es durch das grüne Þjórsárdalur zurück nach Reykjavík.

TOUR 16

ÖSKJULEIÐ (F 88)

ROUTE: Mývatn › Ódáðahraun › Herðubreiðarlindir › Askja › Kverkfjöll › Mývatn

KARTE: Seite 120
DAUER: 2 Tage
PRAKTISCHE HINWEISE:
- Nehmen Sie ausreichend Lebensmittel und vorsichtshalber auch ein Zelt mit, denn die Hütte Sigurðarskáli in Kverkfjöll › S. 146 könnte ausgebucht sein.
- Die Tour ist nur mit dem Geländewagen machbar. Tankstellen gibt es lediglich am Mývatn.

TOUR-START:

Die F 88 führt am Rand von Islands größtem zusammenhängendem Lavafeld vorbei – dem **Ódáðahraun,** auch bekannt als die »Wüste der Verfemten«. Hierher flüchteten im Mittelalter Gesetzlose, die beim Alþing für vogelfrei erklärt wurden. 5000 Jahre alte Lava, Sand und Palagonitberge prägen den Eindruck, schwarz, abweisend und trocken. Mit heftigen Sand- und Staubstürmen muss man stets rechnen – für Wüstenfans ein Hit!

Etwa 33 km östlich vom Mývatn-Zentrum **Reykjahlíð** > S. 101 zweigt die F 88 von der Ringstraße ins Hochland ab, kurz vor der Brücke über den Jökulsá á Fjöllum. Einst war sie schwierig zu befahren, heute sind ihre heikelsten Wegabschnitte geebnet. Einige Furten sind jedoch erhalten, umsichtiges Fahren ist auf jeden Fall immer nötig.

Die F 88 führt an Islands größter Lavawüste vorbei, ein surrealer Traum in Grauschwarz, bis man zur grünen Oase **Herðubreiðarlindir** 36 > S. 144 gelangt, in unmittelbarer Nähe zum schönsten Berg des Landes, dem **Herðubreið** > S. 144. Weiter geht es anschließend durch Sand und Bimsstein bis zur Caldera des berühmten Vulkans **Askja** 37 > S. 145 mit dem See Öskjuvatn und dem Kratersee Víti. 14 km weiter südlich an der F 910 befindet sich das jüngste Lavagebiet Holuhraun.

Über den Gletscherfluss Jökulsá á Fjöllum geht es Richtung Osten an den Rand des **Vatnajökull** > S. 124. Das Ziel sind die Gletscherhöhlen im Gebirge **Kverkfjöll** 38

> S. 146 (nur mit Guide betreten!). In der großen Hütte Sigurðarskáli kann man übernachten, bevor es am nächsten Tag zum Mývatn zurückgeht.

TOUR
17

FJALLABAKSLEIÐ NYRÐRI UND LANDMANNALEIÐ

ROUTE: Kirkjubæjarklaustur > Eldgjá > Landmannalaugar > Hekla > Reykjavík

KARTE: Seite 120
DAUER: 1 Tag
PRAKTISCHE HINWEISE:
- Aufgrund der zahlreichen Flüsse in dieser Region gibt es entsprechend viele Furten, die aber gut zu passieren sind.
- Man benötigt auf jeden Fall einen Geländewagen.
- Die Verbindung Skaftafell–Reykjavík bzw. umgekehrt wird von Mitte Juni bis Mitte Sept. täglich per Bus bedient (Fahrzeit 11 Std.), mit ca. 2,5 Std. Halt in Landmannalaugar und einem ca. 1-stündigen Stopp an der Eldgjá (www.nat.is/bus-schedules-south-iceland)

TOUR-START:

Etwa 20 km westlich von **Kirkjubæjarklaustur** 15 > S. 125 zweigt die F 209/F 208 nach Norden ab, eine rund 80 km lange, schon seit Jahrhunderten bedeutende Ost-West-Verbindung, die stellenweise bis auf 1000 m Höhe hinaufführt.

Sie ist eine der landschaftlich schönsten Strecken Islands mit eindrucksvollen Fotomotiven – weite grüne Areale, Wasserfälle und Flüsse, Hochweiden, enge Schluchten und moosbewachsene Lavazungen.

Etwa auf der Hälfte der Strecke erreicht man die über 70 Kilometer lange Vulkanspalte **Eldgjá** 39 › S. 146.

Anschließend geht es weiter zu den größten Rhyolithbergen des Landes in **Landmannalaugar** 40 › S. 146, einem 400 km² großen Rhyolithgebiet mit spektakulären Farbspielen und heißen Thermalquellen, die zum entspannenden Bad einladen.

Am Ende der Strecke fährt man durch das große Lavafeld Sölvahraun, das sich nördlich des Vulkans Hekla erstreckt. Wilde Spalten und Krater, bedeckt von schwarzer Asche, durchziehen das Feld. Bei **Hella** 21 › S. 128 trifft man dann wieder auf die Ringstraße, die zurück nach Reykjavík führt.

💬 TIPPS FÜR ALLRADWAGENFAHRER

Immer häufiger müssen Islands Rettungskräfte Touristenautos aus den Hochlandflüssen bergen: Nicht nur hat im letzten Jahrzehnt die Zahl der Besucher zugenommen, sie kommen leider auch schlechter vorbereitet und risikofreudiger und unterschätzen andererseits die Kräfte der Natur. Zur Lebensgefahr gesellen sich hohe Kosten für die Rettung und Schäden am Wagen, die keine Versicherung übernimmt.

Seit auch Hochlandpisten in Teilen geebnet und entschärft wurden, bleiben vor allem die Flussdurchquerungen tückisch. Die kürzeste Furt ist selten die flachste. Reifen sind in Sekunden unterspült. Schnell fällt durch das eindringende Wasser die Zündung aus.

Faustregeln: Morgens ist der Wasserstand in Gletschernähe am niedrigsten. Gegen Mittag hin schwellen die Gewässer wegen des vermehrten Schmelzwassers an. Alle Furten sollte man, auch wenn man im Konvoi hindurchfährt, vor der Durchquerung zu Fuß durchwaten – und zwar gegen die Strömung. Vor allem in der Mitte der Flussläufe finden sich oft tiefe, ausgewaschene Rinnen. Ist die Strömung zu stark, sollten Sie sich anseilen. Blindes Vertrauen ist hier keinesfalls angebracht: Folgen Sie weder fremden Reifenspuren, die zu einer vermeintlichen Furt führen, ohne sie zu prüfen, noch anderen Autofahrern, die ohne vorherigen Test mit Vollgas durchs Wasser rasen. Umsicht ist eine wichtige Tugend – wie bei allen Risiken bergenden Aktivitäten, so auch beim Fahren eines Allradwagens im Hochland.

Über den Zustand der Hochlandpisten und deren Öffnung nach dem Winter (meist Anfang Juli–Ende Aug.) informiert das isländische Straßenamt Vegagerðin (Tel. 1777 oder 522 1000, www.vegagerdin.is).

UNTERWEGS IM HOCHLAND

KJÖLUR-ROUTE (NR. 35)

HAGAVATN 26 ▮I D4 UND HVÍTÁRVATN 27 ▮I D4

Auch wenn die Hauptstrecke der Kjölur-Route keine Furten aufweist, die Abzweige von ihr erfordern dann doch ein Allradfahrzeug. Wenige Kilometer nach Beginn der Piste am Gullfoss führt ein Track zum tiefblauen Gletschersee **Hagavatn.** Im See mit drei Forellenarten spiegelt sich bei Windstille die zerfurchte Ostzunge des Langjökull.

Auch der Track zum Eissee **Hvítárvatn,** der hinter dem BláfellshálsPass abzweigt, ist nur per Allrad zu befahren: Zweimal ist die tiefe Svartá zu furten. Jahrhundertelang trieben hier Eisberge auf dem Wasser, heute haben sich die Gletscherzungen zu weit zurückgezogen.

HÜTTEN

Hagavatn €
12 Plätze ohne Küche und Heizung.
• Am Ostufer des Hagavatn
　Tel. 568 2533 | www.fi.is

Hvítárnes €
30 Plätze, ohne Küche und Heizung, aber sehr schön gelegen.
• ca. 8 km südöstlich des Hvítárvatn
　Tel. 655 0173 | www.fi.is

Þjófadalir €
12 sehr einfache Plätze für Wanderer am Gletscherrand des Langjökull.
• Tel. 568 2533 | www.fi.is

KERLINGARFJÖLL ⭐10 28 ▮I D4

Das beeindruckende Gebirgsmassiv erstreckt sich vom südöstlichen Teil des Kjölur bis an den südlichen Gletscherrand des Hofsjökull.

Wanderweg im Kerlingarfjöll

Die höchsten Gipfel in diesem zum Teil vergletscherten Gebirge sind Snækollur (1477 m), Loðmundur (1432 m) und Mænir (1335 m).

In den Tälern des farbenprächtigen Rhyolithgebirges gibt es zahlreiche heiße Quellen und Solfataren, einige in direkter Nachbarschaft zu Schneefeldern. Es ist eines der besten Wandergebiete. Unbedingt in dem Hot Pot am Fluss entspannen!

UNTERKUNFT

Kerlingarfjöll Outdoorzentrum €–€€€
Hübsch an einem Hang, ganzjährig bewirtschaftet, Hütten mit Heizung, schöner Zeltplatz, Pool, Restaurant. Einladend ist das Hotel mit den hellen Zimmern.
• Tel. 6664 7000 und 664 7878
  www.kerlingarfjoll.is

BEINAHÓLL 29 🏴 D4

Von der Piste weist ein Schild in Richtung Osten zum Hügel Beinahóll, dem »Knochenhügel«, der daran erinnert, dass hier im Oktober 1780 drei Männer und ein Junge zusammen mit 180 Schafen und 16 Pferden bei einem Schneesturm erfroren.

HVERAVELLIR 30 ⭐ 🏴 D4

Dieses Geothermalgebiet, »Felder heißer Quellen«, ist eine weitere warme Oase an der Kjölur-Route.

Etwa 80 km nördlich des Startpunkts machen auch die Hochlandbusse hier eine längere Pause. Wohl einzigartig sind die Fumarolen, Solfataren, Heißquellen und Sinterterrassen.

Kieselalgen schufen die *Bláhver,* die wohl schönste »Blauquelle« Is-

lands mit 8 m Durchmesser, andere Bassins heißen *Grænihver,* »Grüne Quelle«, oder *Meyrarauga,* »Mädchenauge«. Aus dem »Donnerkegel« *Öskuhólt* zischt der Dampf, es blubbert allerorten, ein Wegesystem führt durch das Areal. Auch zahlreiche Wanderrouten starten hier. Ein Hot Pot lädt zum langen Bleiben (Eintritt für Hüttengäste frei, sonst 500 ISK). Etwa 1 km südlich der Hütte liegt ein hoher Lavahügel, wo der legendäre Verfemte Eyvindar › S. 144 wohl seine Schafe hielt.

UNTERKUNFT

Hveravellir €€–€€€
Zentrum mit diversen Übernachtungsmöglichkeiten, vom Zimmer bis zum Zeltplatz. Frühstück und Snacks.
• Tel. 452 4200 | www.hveravellir.is

BLANDA 31 🏴 D3

Hinter der Ebene Auvkúlheiði nähert man sich dem Blanda-Wasserkraftwerk *(Blöndustöð),* das von 1984 bis 1988 an der Nordwestseite des heutigen 57 km² großen Stausees Blöndulón erbaut wurde. Wegen der an- und abfahrenden Mitarbeiter bringt es eine Menge Verkehr auf den letzten knapp 10 km bis zur Ringstraße mit sich.

SPRENGISANDUR-PISTE (F 26)

LAUGAFELL 32 🏴 E3/4

Eines der Highlights an der Sprengisandur-Piste ist – etwas abseits der eigentlichen Piste – dieses 892 m hoch gelegene Thermalgebiet. In die heißen Quellen mit einer Wasser-temperatur von über 40 °C taucht man vor allem dann gern ein, wenn man morgens aufwacht und sich vor dem Zelt mitten im Hochsommer eine Winterlandschaft ausbreitet … Das Badebecken soll von Þorunn Jónsdóttir angelegt worden sein, der Tochter des letzten katholischen Bischofs von Island, Jón Arason. Während einer Pestepidemie im 15. Jh. glaubte sie sich mit ihrer Familie hier sicher vor dem Schwarzen Tod.

HÜTTEN

Hütten (Juli/Aug. Tel. 822 5192) mit Campingplatz am Laugafell. Buchung über den **Touring Club of Akureyri**

• Tel. 833 5697 | www.ffa.is

FJÓÐUNGSSALDA 33 ▮ E4 UND NÝIDALUR 34 ▮ E4

Über die weite, kahle Ebene der Kies- und Schotterwüste Sprengisandur sieht man an nebelfreien Tagen im Osten zum Vatnajökull, dessen Eiskappe im milchigen Himmel zu verschwinden scheint, aber auch zum kleineren Gletscher Tungnafellsjökull und im Westen zum Eismassiv des Hofsjökull. > mehr S. 12 Punkt ❹ Am fast 1000 m hohen Schildvulkan **Fjóðungssalda** nahe Kilometer 81 befindet sich die geografische Mitte Islands.

Nächstes Ziel sind die Hütten im Hochtal **Nýidalur,** gelegentlich auch noch Jökuldalur – Gletschertal – genannt. Nach der grauen Einöde ist das Tal dank eines Flusses wohltuend grün. Rund um zwei Wanderhütten ziehen sich Wege in die umliegenden Berge.

HÜTTEN

Nýidalur €

Zwei bewirtschaftete Hütten mit 120 einfachen Lagern, daneben ein Zeltplatz. Unbedingt vorausbuchen!

• Tel. 860 3334 | www.fi.is

Blauquelle bei Hveravellir

HOCHLANDZENTRUM
HRAUNEYJAR 35 📘 D5

Das Zentrum fungiert als erste bzw. letzte Versorgungsstelle im Hochland mit Gaststätte (€€–€€€), Zimmern aller Preisklassen sowie einer Schlafsackunterkunft. Auch eine Tankstelle gehört dazu.

Hrauneyjar ist ein ausgezeichneter Ausgangsort für Ausflüge, zudem werden hier Angellizenzen verkauft. › mehr S. 15 Punkt 22

INFO

Hochlandzentrum Hrauneyjar
• Tel. 487 7782 | www.hrauneyjar.is

ÖSKJULEIÐ (ASKJA-PISTE, F 88)
HERÐUBREIÐARLINDIR 36 UND
HERÐUBREIÐ ⭐ 📘 F3

In der Oase Herðubreiðarlindir, mitten in der Lavawüste **Ódáðarhraun,** machen Bäche zarten Pflanzenwuchs möglich. Mitte Juni nisten hier Kleine Riedgänse und viele andere Vögel, im Hintergrund ragt der 1682 m hohe Vulkan **Herðubreið** (Breitschulter) auf. › mehr S. 12 Punkt 6

Ein kleiner Steinhaufen in der Nähe der Berghütte erinnert an den

---

 HELD IM HOCHLAND

Mit einigem Respekt denken die meisten Isländer an Eyvindur Jónsson – was sicherlich an der romantisch verklärenden Dichtung von Jóhann Sigurjónsson liegt, der mit seinem 1912 veröffentlichten Drama dazu beigetragen haben mag, dass sich um den später Fjalla-Eyvindur genannten Outlaw zahlreiche Legenden ranken. So soll der 36-Jährige in der Lage gewesen sein, Arme und Beine zu Rädern zu formen und dadurch enorm schnell voranzukommen. Seine Frau Halla soll mit Elfen und Geistern in Kontakt gestanden haben, die das Paar im Hochland mit Lebensmitteln versorgten, und zwar in einer Höhle, deren Dach ein Pferdegerippe bildete.

Es heißt, Eyvindur habe als Junge einer alten Landstreicherin Käse gestohlen, die ihn daraufhin mit einem Fluch belegte. Nie mehr sollte er aufhören können zu stehlen – was Eyvindur in der Tat in größte Schwierigkeiten brachte. Wer vom Obersten Gericht in die Verbannung geschickt wurde, durfte während dieser Jahre und Monate von jedermann legal getötet werden und wurde erst nach Ablauf der Strafe rehabilitiert. Und so mussten sich der wegen Diebstahls verurteilte Eyvindur Jónsson und seine Frau Halla 1760 eiligst in eine einsame Gegend aufmachen. Das Paar kam nach einiger Zeit nach Hveravellir und schaffte es, knappe 20 Jahre in der Wildnis zu überleben. Die beiden Outlaws ernährten sich von Schneehühnern oder von Schaffleisch, das sie in den heißen Quellen garten. Gemeinsam mit anderen Verfemten überfielen sie Reisende und raubten ihnen vor allem warme Kleidung, Felle und andere Gebrauchsgegenstände. Das Paar soll glücklich miteinander alt geworden sein. Eyvindur Jónsson starb 69-jährig im Jahr 1783.

Die Seen Víti (vorne) und Öskjuvatn (im Hintergrund) in der Caldera des Vulkans Askja

Geächteten Fjalla-Eyvindur › **Seitenblick S. 144**, der sich hier im Winter 1774/1775 unter unvorstellbar harten Bedingungen in einem kaum geschützten Erdloch vor seinen Verfolgern versteckte. Es grenzt an ein Wunder, dass ein Mensch ohne Ausrüstung und Feuer in der Wildnis überlebte.

HÜTTE

Þorsteinsskáli €

Hütte mit 30 Schlafplätzen und warmer Dusche sowie Zeltplatz; Mitte Juni bis Ende Aug./Anfang Sept. ist ein Verantwortlicher vor Ort. Infostelle vorhanden.

• Tel. 822 5191 | www.ffa.is

ASKJA 37 ❶ 📖 F3/4

Durch rostbraune Lavafelder erreicht die F 88 den gewaltigen Einbruchkrater der Askja. Dieser Vulkan, Teil des ca. 4500 Jahre alten Dyngjufjöll-Massivs, war zum letzten Mal 1961 aktiv; bei dem Ausbruch wurden 11 km² Fläche von Lava bedeckt. Die Caldera Askja (»Schachtel«) nimmt eine Fläche von 45 km² ein.

Durch eine gewaltige Explosion entstand 1875 der **Krater Víti** (»Hölle«), der den türkisblauen See Víti und den marineblauen **Öskjuvatn** beherbergt. Am See Víti verschwanden 1907 zwei deutsche Forscher spurlos, die die Caldera per Boot erkunden wollten.

Von der »Drachenschlucht« **Drekagil** an der Askja führen Wanderwege über den Kraterrand hinein.

Ein Ausbruch 2014 im Norden des Vatnajökulls produzierte ein neues riesiges Lavafeld, Holuhraun, das noch an einigen Stellen sehr warm ist.

HÜTTE

Dreki-Hütte €

Einfacher Zeltplatz und 2 Hütten, die zusammen 60 Schlafplätze bieten.

• am Abzweig der F 894 von der
Piste F 910
Tel. 841 5696
www.ffa.is

KVERKFJÖLL 38 F4

Aktiv war das bis zu 1920 m hohe
Vulkanmassiv am Nordrand des
Vatnajökull zuletzt anno 1729, nun
ist die Caldera mit Eis gefüllt.

Nach Norden dringt der Gletscher Kverkjökull vor, im Westen
bilden die Quellen des großen geothermischen Gebiets Hveradalur
Gletscherhöhlen und -tunnel, die
aber nicht zugänglich sind.

👍
NATURPHÄNOMENE

- Die Allmännerschlucht, **Almanna-gjá**, ist die Nahtstelle zwischen europäischer und amerikanischer Kontinentalplatte. › S. 64
- Den bizarren Basaltfels **Hvítser-kur** vor der Halbinsel Vatnsnes bewohnen zahllose Vögel. › S. 110
- Die **Lakagígar** bilden eine einzig-artige Lavalandschaft in faszinie-renden Farbtönen. › S. 125
- Die Wüste **Ódáðahraun** aus Lava, Sand und Palagonitbergen ist ein spezielles Erlebnis. › S. 139
- Im **Kerlingarfjöll** stößt man auf heiße Quellen und Solfatare neben großen Schneefeldern. › S. 141
- Der Obsidianstrom **Laugahraun** gleicht, wenn man ihn durchwan-dert, einem märchenhaften Laby-rinth. › S. 146

HÜTTE

Sigurðarskáli €
75 Schlafplätze, Zeltplatz in der Nähe.
• Tel. 863 9236 | www.ferdaf.is

FJALLABAKSLEIÐ NYRÐRI UND LANDMANNALEIÐ

ELDGJÁ 39 E5

Die mit 70 km längste Vulkanspalte
der Welt entstand bei einem Ausbruch 934. Einen guten Eindruck
von ihrer Ausdehnung erhält man
vom Südhang **Herðubreiðarháls**
des Berges Herðubreið (812 m).
Man sieht auch eine 5 km lange und
bis zu 200 m tiefe Schlucht.

Am Wasserfall **Ófærufoss** ver-
mutete man noch lange nach der
Entdeckung der Eldgjá 1893 den
Eingang ins Totenreich: Hier hatte
das Wasser eine gespenstisch wirkende Brücke aus dem Basalt gewaschen, die aber inzwischen eingestürzt ist.

LANDMANNALAUGAR
40 12 D5

Das einzigartige und größte Rhyolithgebiet Islands überwältigt mit
seinem Farbenreichtum: Von Rost-
rot bis Ockergelb reichen die Nuan-
cen, dazwischen verlaufen Lava-
ströme in tiefem Schwarz. Bizarre
Felsformationen wirken wie versteinerte Menschen. Mit seinen bis zu
40 m hohen Lavaskulpturen gleicht
das Obsidianfeld **Laugahraun** einem Labyrinth.

Am Rand des erstarrten Lava-
stroms aus dem 15. Jh. dampfen

Rhyolithgestein prägt das Gebiet um die Quellen von Landmannalaugar

Thermalquellen. Weil hier schon damals Schafhirten und Händler im Bade pausierten, heißt die beeindruckende Landschaft im Zentrum des Naturschutzgebiets Fjallabak »Warme Quellen der Leute vom Land«. Von der Piste F 208 führt südlich des Sees **Frostastaðavatn** eine Abzweigung zu den heißen Quellen. › mehr S. 17 Punkt **30** Daneben liegt der Campingplatz Landmannalaugar › unten.

Der 912 m hohe Aussichtsberg **Suðurnámur** (Aufstieg ca. 1,5 Std.) bietet einen grandiosen Überblick über die Gegend: im Norden der idyllische Frostastaðavatn und das Maar Ljótipollur mit seinem Kratersee, im Nordosten die Wasserfläche der gestauten Tungnaá.

UNTERKÜNFTE

Hólaskól-Hochlandzentrum €–€€
Große Unterkunft mit Duschen und WCs. Hütten, Lodges, Campingplatz.
• an der F 208, Nähe Eldgjá
  Tel. 855 5812 | www.eldgja.is

Landmannahellir €–€€
Im Westen des Naturschutzgebiets, Unterkunft in Hütten des Service-Zentrums, am Campingplatz Duschen und WCs. Gute Wandermöglichkeiten.
• Tel. 893 8407 | www.landmannahellir.is

Landmannalaugar €
Großer Platz mit Duschen, in der Hochsaison vorab in der Hütte reservieren! Verpflegung in begrenzter Form möglich. Verkaufswagen im Sommer.
• Tel. 860 3335 | www.fi.is

EXTRA-TOUREN

Der »goldene Wasserfall« Gullfoss,
eine der bekanntesten Sehenswürdigkeiten im Goldenen Kreis

RUND UM ISLAND IN DREI WOCHEN

ROUTE: Reykjavík > Þorlákshöfn > Eyrarbakki > Stokkseyri > Selfoss > Heimaey > Kirkjubæjarklaustur > Skaftafell > Höfn > Egilsstaðir > Myvátn > Akureyri > Blönduós (> Borgarnes) > Reykjavík

KARTE: Klappe hinten
DISTANZEN: Reykjavík > **Þorlákshöfn** 120 km; **Þorlákshöfn** > **Eyrarbakki** > **Stokkseyri** > **Selfoss** ca. 45 km; **Selfoss** > **Landeyjar** 65 km > **Landeyjar** > **Heimaey** 40 Min. Fähre; **Landeyjahöfn** > **Kirkjubæjarklaustur** ca. 200 km; **Kirkjubæjarklaustur** > **Skaftafell** ca. 70 km; **Skaftafell** > **Höfn** ca. 130 km; **Höfn** > **Egilsstaðir** ca. 250 km; **Egilsstaðir** > **Myvátn** ca. 170 km; **Myvátn** > **Akureyri** ca. 100 km; **Akureyri** > **Blönduós** ca. 160 km (**Akureyri** > **Borgarnes** ca. 315 km); **Blönduós** > **Reykjavík** ca. 250 km (**Borgarnes** > **Reykjavík** ca. 75 km)
VERKEHRSMITTEL: Da eine 1332 km lange Ringstraße um die Insel herumführt, ist die Tour sehr individuell gestaltbar und sowohl mit dem Auto als auch per Bus machbar. Wer den eigenen Pkw mitbringt, beginnt die Fahrt im Osten, in Seyðisfjörður. Dort legt die Autofähre aus Dänemark an. Das größte Mietwagenangebot gibt es in Reykjavík bzw. am Flughafen Kevlavík. Es ist auch möglich, von Reykjavík in einen der größeren Orte zu fliegen – Höfn, Egilsstaðir oder Akureyri – und dort einen Wagen zu leihen. Im Sommer befahren Busse täglich die komplette Ringstraße > S. 26. Von etlichen Stationen aus gibt es weiterführende Regionalverbindungen zu kleineren Orten. Buspässe > S. 26.

Für **Reykjavík** > S. 55 und seinen Ausflugsmöglichkeiten ins Umland wie **Þingvellir** > S. 64, das Geysirfeld **Haukadalur** > S. 66, **Gullfoss** > S. 67 und Reykjanes mit der **Blauen Lagune** > S. 72 sollten Sie vier Tage veranschlagen.

Anschließend brechen Sie gen Südosten auf nach **Þorlákshöfn** > S. 132 und fahren über **Eyrarbakki** > S. 129 und **Stokkseyri** > S. 129 nach **Selfoss** > S. 128. Am Folgetag geht es nach **Landeyjahöfn** 🚩 D6, wo Sie die Fähre nach **Heimaey** > S. 132 besteigen, der größten der **Westmänner-Inseln** > S. 132, die Sie zwei Tage lang erkunden. Am achten Reisetag nehmen Sie die Fähre zurück und fahren über **Skógar** > S. 126 mit dem Volkskundemuseum und **Vík** > S. 125 mit seinem schwarzen Strand nach **Kirkjubæjarklaustur** > S. 125. Von hier aus erkunden Sie am nächsten Tag per Jeep oder Bus die **Lakagígar** > S. 125, die Lavafelder um den Laki. Am übernächsten Tag geht es per Jeep oder Bus nach **Landmannalaugar** > S. 146, wo Sie in Rhyolithbergen wandern können. Am elften Reisetag fahren Sie nach **Skaftafell** › S. 124; hier sollten Sie zwei Tage einplanen, um genügend Zeit für Wanderungen zu haben. Vorbei am Gletscher **Vatnajökull** › S. 124 und seinen **Gletscherlagunen** › S. 124 geht es am 13. Tag zum Übernachtungsstopp **Höfn** › S. 117. **Egilsstaðir** › S. 113 an der Ostküste ist Aufenthaltsort für die nächsten zwei Tage, um die Hafenorte an den Fjorden im Osten zu besuchen. Am 16. Tag fahren Sie auf der Ringstraße zum **Mývatn** › S. 100 und verbringen dort die nächsten zwei Tage mit Wanderungen oder Ausflügen zum Wasserfall **Dettifoss** › S. 105 und zur **Ásbyrgi-Schlucht** › S. 105. Vorbei am **Goðafoss** › S. 99 gelangen Sie am 18. Tag der Reise nach **Akureyri** › S. 95; hier sollten Sie zwei Nächte bleiben.

Über die Straße Nr. 1 geht es am 20. Tag zum **Torfhofmuseum Glaumbær** › S. 109 und weiter zum Übernachtungsstopp **Blönduós** › S. 110. Wenn Sie das Museum nicht besuchen möchten, können Sie an diesem Tag noch nach **Borgarnes** › S. 79 weiterfahren und am nächsten Tag vor der kurzen Rückfahrt nach Reykjavík die Gegend um **Reykholt** › S. 80 und **Húsafell** › S. 81 mit den Wasserfällen von **Hraunfossar** › S. 81 erkunden.

Wer ab Borganes auch die **Westfjorde** › S. 85 bereisen möchte, muss dafür einige Tage extra einplanen › nächste Tour. Von Blönduós oder Borgarnes aus gelangen Sie am 21. Reisetag wieder zurück nach Reykjavík.

DER WESTEN IN ZWEI WOCHEN: ZWISCHEN HOCHLAND UND STEILKÜSTE

ROUTE: Reykjavík › Borgarnes › Hellissandur › Brjanslækur › Látrabjarg › Ísafjörður › Hólmavík › Húsafell › Reykjavík

KARTE: Klappe hinten

DISTANZEN: Reykjavík › Borgarnes ca. 75 km; **Borgarnes** › **Hellissandur** ca. 130 km; **Hellissandur** › **Stykkishólmur** › **Brjanslækur** ca. 75 km plus 2,5 Std. Fährfahrt; **Brjanslækur** › **Látrabjarg** ca. 95 km; **Látrabjarg** › **Ísafjörður** ca. 230 km; **Ísafjörður** › **Hólmavík** ca. 220 km; **Hólmavík** › **Húsafell** ca. 210 km; **Húsafell** › **Reykjavík** ca. 140 km

VERKEHRSMITTEL: Idealerweise fährt man diese Tour mit dem Auto. Auf den Hauptstrecken kommt man auch mit Bussen voran, muss dann aber sehr gut planen: Einige Abschnitte, v. a. im Nordwesten, werden nicht täglich bedient. Zwischen Stykkishólmur und Brjánslækur verkehrt die Autofähre »Baldur« (www.seatours.is).

Drei Tage widmen Sie **Reykjavík** › S. 55 und Umgebung. Am vierten Tag der Reise geht es über **Akranes** › S. 79 zum **Borgarfjörður** ▮ C4 – alternativ können Sie über die Hochebene (Straße Nr. 520) fahren und direkt weiter nach Reykholt. **Borgarnes** › S. 79 ist ein hübscher Übernachtungsstopp. Am nächsten Tag fahren Sie auf die **Snæfellsnes-Halbinsel** › S. 81, wo Strandspaziergänge und ein Gletscherausflug locken; für die Erkundung des Nationalparks am Fuß des Gletschers Snæfellsjökull empfiehlt sich **Hellissandur** › S. 82 als Standquartier für zwei Nächte.

Oberkante der Hornbjarg-Klippen im äußersten Norden der Westfjorde

    Am siebten Tag steuern Sie **Stykkishólmur** › S. 84 an der Nordseite der Halbinsel an und nehmen dort die Nachmittagsfähre (Autofähre »Baldur«) in die Westfjorde. (Wer ohne Auto reist, kann einen zusätzlichen Tag auf der autofreien **Insel Flatey** › S. 85 verbringen.) In defr Nähe des Fährhafens **Brjánslækur** › S. 85 bleiben Sie über Nacht.

    Einen ganzen Tag sollten Sie für die Fahrt zu den Vogelklippen bei **Látrabjarg** › S. 86 einplanen. Ein Gästehaus bietet hier komfortable Zimmer; am nächsten Tag kurven Sie die Westfjorde entlang und schauen sich auf der Fahrt nach Ísafjörður einen der schönsten Wasserfälle Islands an, den **Dynjandifoss** › S. 86. In diesem Gebiet lohnen viele Abstecher in kleine Orte und Wanderungen auf Berge oder entlang der Fjorde.

    Von **Ísafjörður** › S. 86, wo Sie zweimal übernachten, werden Bootsfahrten nach **Hornstrandir** › S. 88 oder auf die Inseln **Vigur** ▮ B2 und **Æðey** ▮ B2 angeboten. Eine gemütliche Fjordfahrt führt am 11. Tag nach **Hólmavík** › S. 89, wo Sie zwei Nächte bleiben; von hier lohnt der rund 70 km lange Abstecher nach **Djúpavík** ▮ C2, um die alte Heringsfabrik zu besichtigen.

    Die Rückfahrt gen Süden erfolgt über die Straße Nr. 59 durch die Region **Dalír** mit Besuch von **Eiríksstaðir** › S. 85 – ehemaliger Wohnsitz von Erik dem Roten – und weiter auf der Nr. 60 zurück auf die Ringstraße. Die nächsten Ziele sind **Reykholt** › S. 80 und **Húsafell** › S. 81; in Húsafell können Sie übernachten und von hier den **Langjökull** ▮ D4 erkunden. Wer einen Geländewagen und noch genügend Zeit hat, kann dann die Hochlandpiste **Kaldidalur** ▮ C4 in Angriff nehmen. Sonst empfiehlt sich für den Rückweg nach Reykjavík die Straße Nr. 47 um den schönen Hvalfjörður.

INFOS VON A–Z

BARRIEREFREIES REISEN

Fähren, Fluglinien und die meisten größeren Hotels in Akureyri und Reykjavík sind auf Menschen mit Handicaps eingestellt. Auf dem Land sind mitreisende Helfer empfohlen.

- Viele Informationen für die Planung bietet der Landesverband für Menschen mit Behinderung **Sjálfsbjörg,** Hátuni 12, 105 Reykjavík, Tel. 5 500 118, www.thekkingarmidstod.is/adgengi/accessible-tourism-in-iceland.

DIPLOMATISCHE VERTRETUNGEN

- **Deutsche Botschaft,** Laufásvegur 31, 101 Reykjavík, Tel. 530 1100, Notfall-Tel. 663 7800, Fax 530 1101, www.reykjavik.diplo.de.
- **Honorargeneralkonsulat Österreich,** Orrahólar 5, 111 Reykjavík, Tel. 557 5464, arni-siemsen@simnet.is
- **Generalkonsulat Schweiz,** Laugavegur 13, 101 Reykjavík, Tel. 551 7172, Fax 551 7179, reykjavik@honrep.ch; zuständige Botschaft in Oslo/Norwegen: Tel. 00 47/ 22 54 23 90, www.eda.admin.ch/oslo.

EINREISE/AUSREISE

Deutsche, Österreicher und Schweizer brauchen für die Einreise einen gültigen Personalausweis oder Reisepass. Kinder benötigen ein eigenes Reisedokument.

Haustiere müssen für 4–8 Wochen in Quarantäne und vom Veterinäramt (www.mast.is/english) genehmigt sein.

Wer ein Kraftfahrzeug für maximal ein Jahr einführt, benötigt die nationalen Zulassungspapiere, den nationalen Führerschein und die grüne Versicherungskarte. Wer Letztere nicht vorweisen kann, muss in Island eine Haftpflichtversicherung abschließen.

ELEKTRIZITÄT

Netzspannung 230 V/50 Hz. Typische Schuko- und Flachstecker passen in so gut wie alle Steckdosen.

FEIERTAGE

Die meisten Geschäfte und Museen sind geschlossen an: Neujahr, Gründonnerstag, Karfreitag, Ostersonntag und -montag, erster Sommertag (3. Donnerstag im April), 1. Mai, Christi Himmelfahrt, Pfingstsonntag und -montag, 17. Juni (Nationalfeiertag), Handels- und Bankenfeiertag (1. Montag im August), 24. Dezember ab Mittag, 25. und 26. Dezember, 31. Dezember ab Mittag.

GELD

Die isländische Króna (ISK) teilt sich in Münzen zu 100, 50, 10, 5 und 1 Kronen auf, ferner in Banknoten zu 500, 1000, 2000, 5000 und 10 000 Kronen.

Kreditkarten, v. a. Visa- und Mastercard, sowie Maestro- oder V-Pay-Girokarten werden fast überall akzeptiert, Reiseschecks nur noch selten. Auf dem Land muss man in manchen Unterkünften jedoch bar zahlen.

Beim Bargeldtausch bei Banken auf Island ist der Wechselkurs günstiger als im Heimatland. Geldautomaten gibt es auch in kleinen Orten. Für Zapfsäulenautomaten an Tankstellen ist eine Kreditkarte mit PIN notwendig.

Hin und wieder kommt es zu Kursschwankungen, daher sollte man vor der Reise die Kursentwicklung verfolgen.

- **Wechselkurse** (Stand Februar 2019): 1 € = 136 ISK; 1 CHF = 120 ISK; 100 ISK = 0,73 €/0,83 CHF.

INFORMATION

Die Website von Promote Island bietet vielerlei Infos und Broschürendonload.

- Promote Iceland
  Sundagarðar 2
  IS-104 Reykjavík
  de.visiticeland.com

KRANKENVERSICHERUNG

Für eine ärztliche Behandlung genügt die Vorlage einer Europäischen Kranken- versicherungskarte (EHIC) Ihrer Kranken- versicherung, andernfalls sind die Kosten selbst zu tragen. Eine gute Auslands- reisekrankenversicherung deckt auch mögliche medizinisch bedingte Rück- transporte ab.

MEDIZINISCHE VERSORGUNG

Das Netz von Krankenhäusern, medizini- schen Zentren oder praktischen Ärzten (in der Regel englischsprachig) in Island ist dicht.

Bei ernsthafter akuter Erkrankung er- reicht man den Notarzt unter der Notruf- nummer Tel. 1770, außerhalb Reykjavíks unter der Nummer 112.

Von speziellen Medikamenten (z. B. In- sulin) sollte man ausreichend Vorräte mitnehmen.

MEHRWERTSTEUER- RÜCKERSTATTUNG

In Reykjavík bieten die meisten Geschäfte »Tax free Shopping« an, auf dem Land zumindest die größeren.

Eine Rückzahlung gibt es nur für Kas- senzettel ab einem Betrag von 6000 ISK; das Tax-Free-Formular muss angeheftet und vom Verkäufer unterschrieben sein. Am Flughafen Keflavík bzw. dem Fähr- terminal Seyðisfjörður wird das Geld dann an den entsprechenden Schaltern ausgezahlt oder auf die Kreditkarte zu- rückgebucht. Ggf. sind dabei die Waren vorzuzeigen.

Zu Details informieren die Verkäufer sowie online der isländische Zoll auf Eng- lisch unter »Tax free – VAT Refund« (www. tollur.is/english).

NOTRUF

- Feuerwehr/Krankenwagen/
  Polizei: Tel. 112
- Berg- und Seenotrettungsdienste
  ICE-SAR: Tel. 570 5900

ÖFFNUNGSZEITEN

- Banken: generell Mo–Fr 9.15–16 Uhr.
- Geschäfte: üblicherweise Mo–Fr 9–18, Sa 10–16 Uhr, manche, in denen viele Touristen verkehren, öffnen auch sonntags. Einige Supermärkte haben tgl. bis 24 Uhr geöffnet.
- Postämter: meist Mo–Fr 9–18 Uhr, in Reykjavík teils auch samstags.
- Tankstellen und Kioske auf dem Land sind zumeist tgl. 7.30–23 Uhr geöffnet. Mit Kreditkarte und PIN ist Tanken ist an Automaten auch nachts möglich.

RAUCHVERBOT

Das Rauchen ist in allen öffentlichen Ge- bäuden verboten, auch in Restaurants, Bars, Diskotheken und Cafés.

SICHERHEIT

Island ist eines der sichersten Länder der Welt; achten Sie dennoch auf Ihre Wertsa- chen und schließen Sie Ihr Auto ab.

In Gebieten mit vulkanischer Aktivität sollten Sie auf jeden Fall den Sicherheits- hinweisen folgen.

💬 **URLAUBSKASSE**

• Tasse Kaffee:	4 €
• Softdrink (im Restaurant):	2,50 €
• Glas Bier (0,5 l):	4–8,50 €
• Hotdog spezial/ *Pylsa*:	ab 2,70 €
• Softeis:	ab 3 €
• Taxifahrt (Startgeld)	min. 4 €
(pro km):	ab 2,60 €
• Mietwagen/Tag:	ab 85 €
• 1 l Superbenzin:	1,70 €

TELEFON/HANDY/INTERNET

Islands Telefonnummern sind meist siebenstellig und immer komplett zu wählen. Nur Spezialnummern wie die Inlands- und Auslandsauskunft (Tel. 118 bzw. 115) sind kürzer.

Der Wegfall der EU-Roaminggebühren seit 2017 umfasst auch Island. Anrufe ins Nicht-EU-Ausland sind am günstigsten von Telefonämtern *(sími)* oder den selten gewordenen Telefonzellen aus. Drei GSM-Betreiber bieten ein recht gutes Netz, vor allem im 900- und 1800-Band. Sogar im Hochland ist das Netz mittlerweile gut ausgebaut. Isländische Prepaid-SIM-Karten verkauft jede Tankstelle.

Internationale Vorwahlen
• **Island:** 00 354, dann die siebenstellige Teilnehmernummer
• **Deutschland:** 00 49
• **Österreich:** 00 43
• **Schweiz:** 00 41

Der Großteil der Hotels, Restaurants und Cafés bietet WLAN-Hot-Spots, meist gratis. Sogar einige Mietautos verfügen über WLAN. Computer mit Internetzugang finden sich in Touristeninformationen und manchen Hotels.

TRINKGELD

In Restaurant- und Getränkerechnungen sind Trinkgelder schon enthalten. Ein Trinkgeld wird nicht erwartet, gilt aber nicht mehr als herablassend.

VERKEHRSREGELN

Nur markierte Straßen und Pisten dürfen befahren werden. Es gilt Gurtpflicht, für Motorradfahrer Helmpflicht und eine Promillegrenze von null, das Abblendlicht muss auch tagsüber eingeschaltet sein. Die Tempolimits liegen auf Asphaltstraßen (Ringstraße und Ortsdurchfahrten) bei 90 km/h, auf Schotterstraßen bei 80 km/h, in Siedlungen bei 50 km/h, man sollte aber grundsätzlich langsam fahren. Frei laufende Tiere haben immer absoluten Vorrang.

Verkehrsregeln und -schilder entsprechen meist denen in Mitteleuropa. Die Broschüre »How to drive in Iceland« (Download über www.road.is/travel-info/driving-safely-in-iceland) zeigt alle Verkehrsschilder. Die Polizei führt regelmäßig, besonders im Sommer, Kontrollen durch. Die Bußgelder bei Verstößen, z. B. gegen das Tempolimit, sind hoch.

ZEIT

Das ganze Jahr über gilt in Island die UTC (Universal Time Coordinated, ehemals GMT). Es ist also 1 Std. früher als in Mitteleuropa, während der kontinentaleuropäischen Sommerzeit 2 Std.

ZOLLBESTIMMUNGEN

Zollfrei eingeführt werden dürfen maximal (Reisende ab 20 Jahren): 1 l Spirituosen + 0,75 l Wein + 3 l Bier oder 18 l Bier oder andere Kombinationen, ferner (ab 18 Jahren) 200 Zigaretten oder 250 g andere Tabakwaren sowie konservierte Lebensmittel bis zu 3 kg pro Person. Treibstoff darf sich nur im Tank des Pkw befinden, nicht aber in Kanistern.

Angel- und Reitausstattung muss nachweislich desinfiziert worden sein, ansonsten ist eine kostenpflichtige Desinfektion an der Zollstation fällig. Ledersättel u. Ä. sind verboten

Reisende aus Deutschland und Österreich dürfen für den Privatgebrauch Waren im Wert von 300 €, bei Flug und Seereisen von 430 € (Jugendliche 175 €) abgabenfrei nach Hause nehmen; Reisende aus der Schweiz im Wert von 300 SFr. Tabakwaren und Alkohol fallen nicht unter diese Wertgrenze und bleiben in bestimmten Mengen abgabenfrei (z.B. 200 Zigaretten, 4 l Wein). Weitere Auskünfte unter www.zoll.de, www.bmf.gv.at/zoll und www.ch.ch/de/schweizer-zoll.

REGISTER

BILDNACHWEIS

Coverfoto: Kirkjufell im Winter, Grundafjörður, Halbinsel Snæfellsnes, Island © plainpicture/robertharding/Frost, Lee
Fotos Umschlagrückseite: Jahreszeiten Verlag/Langlotz, Tim (links); Getty Images/Oleh_Slobodeniuk (Mitte); Shutterstock/Mayovskyy, Andrew (rechts)

Arctic-Images/Sigurdsson, Ragnar Th.: 9; AWL Images Ltd/Falzone, Michele: 90; AWL Images/Isakova, Nadia: 34/35; AWL Images/John Warburton-Lee Photography Ltd/Harris, Paul: 118; AWL Images/John Warburton-Lee Photography Ltd/Kober, Christian: 40; Bildagentur Huber/Mackie, Tom: 48/49; Fotodesign Stadler: 127; Fotolia/Baker, Darren: 25; Fotolia/Fuxa, Filip: 143; Fotolia/krasnevsky: 127; Fotolia/Michael: 68; Fotolia/schaef: 87; Fotolia/secretagentman: 32; Fotolia/Smits, Janis: 19; Getty Images/Oleh_Slobodeniuk: 17; Getty Images/Santiago, Felipe: 12; Glow Images/ImageBROKER RM: 109, 151; glowimages/Galli, Max: 16; glowimages/Gillespie, Ken: 71; GlowImages/imagebroker/Eisele-Hein, Norbert: 31; Huber Images/Mirau, Rainer: 73; Jahreszeiten Verlag/Langlotz, Tim: 55; laif/Aurora/Orcutt, John R.: 130; laif/Gerber, Tobias: 104; laif/Haenel, Gerald: 14, 43; Lookphotos/age fotostock: 23; Lookphotos/SagaPhoto: 18; mauritius images: 95; plainpicture/Cultura/Bjarnason, Oscar: 141; plainpicture/Marmeisse, Jean: 83; Saße, Dörte: 8, 28; Shutterstock/Baraar: 133; Shutterstock/Bildagentur Zoonar GmbH: 89; Shutterstock/canadastock: 136; Shutterstock/crazy82: 59; Shutterstock/Doin: 116; Shutterstock/Durinik, Michal: 27; Shutterstock/Fratini, Franco: 10; Shutterstock/Grittani, Vito: 135; Shutterstock/halldore: 13; Shutterstock/Hanzlikova, Veronika: 101; Shutterstock/jeafish Ping : 50; Shutterstock/kavram: 147; Shutterstock/kondr.konst: 45; Shutterstock/Kondratev, Alexey: 80; Shutterstock/Koultouridis, George: 67; Shutterstock/Lye, Jordan: 106; Shutterstock/Martin M303: 145; Shutterstock/Mayovskyy, Andrew: 123; Shutterstock/Nokuro: 124; Shutterstock/Ovchinnikova, Irina: 20/21; Shutterstock/ronnybas frimages: 6; Shutterstock/Tesar, Milan: 129; Shutterstock/Ververidis, Vasilis: 102; stock.adobe.com/picturist: 99; stock.adobe.com/Lazar, Bogdan: 111; Unsplash/Leclercq, Nicolas J.: 15; Unsplash/Mahkeo: 148.

Liebe Leserin, lieber Leser,
wir freuen uns, dass Sie sich für diesen POLYGLOTT on tour entschieden haben.
Unsere Autorinnen und Autoren sind für Sie unterwegs und recherchieren sehr gründlich,
damit Sie mit aktuellen und zuverlässigen Informationen auf Reisen gehen können.
Dennoch lassen sich Fehler nie ganz ausschließen. Wir bitten Sie um Verständnis, dass der
Verlag dafür keine Haftung übernehmen kann.

Ihre Meinung ist uns wichtig. Bitte schreiben Sie uns:
GRÄFE UND UNZER VERLAG
Postfach 86 03 66, 81630 München, Tel. 0 89 / 419 819 41
www.polyglott.de

LESERSERVICE
polyglott@graefe-und-unzer.de
Tel. 0 800 / 72 37 33 33 (gebührenfrei in D, A, CH), Mo–Do 9–17 Uhr, Fr 9–16 Uhr

1. Auflage 2019

© 2019 GRÄFE UND UNZER VERLAG GmbH, München
Dieses Buch wurde auf chlorfrei gebleichtem Papier gedruckt.
ISBN 978-3-8464-0390-7

Bei Interesse an maßgeschneiderten B2B-Editionen:
gabriella.hoffmann@graefe-und-unzer.de

Bei Interesse an Anzeigen:
KV Kommunalverlag GmbH & Co KG
Tel. 089/928 09 60
info@kommunal-verlag.de

Verlagsleitung: Grit Müller
Verlagsredaktion: Anne-Katrin Scheiter
Autorinnen: Dörte Saße, Ina Vehse
Redaktion: Martin Waller
Bildredaktion: Dr. Nafsika Mylona
Mini-Dolmetscher: Langenscheidt
Umschlaggestaltung & Layout:
Independent Medien Design, München
Horst Moser (Artdirection), Lucie Heselich
Karten und Pläne: Theiss Heidolph
und Kunth Verlag GmbH & Co. KG
Satz: Tim Schulz, Mainz
Herstellung: Anna Bäumner,
Gloria Schlayer
Druck und Bindung:
Printer Trento, Italien

PEFC/18-31-506

GRÄFE UND UNZER

Ein Unternehmen der
GANSKE VERLAGSGRUPPE

MINI-DOLMETSCHER ISLÄNDISCH

ALLGEMEINES

Guten Morgen.	Góðan daginn. [gouðann daijenn]
Guten Tag.	Góðan dag. [gouðann dach]
Guten Abend.	Gott kvöld. [gohht kwölt]
Hallo!	Halló! [hallou]
Wie geht's?	Hvað segir þú gott? [kwa ßejje‿ðu gohht]
Danke, gut.	Allt fínt, þakka þér fyrir. [ahhlt‿fihnnt, θahhka‿θjär fehrehr]
Ich heiße ...	Ég heiti ... [jäa‿hejdeh]
Auf Wiedersehen.	Bless. [bläss]
Morgen	morgun [morrgünn]
Nachmittag	eftir hádegi [äfdehr haudejjeh]
Abend	kvöld [kwölt]
Nacht	nótt [nouhht]
morgen	á morgun [au morrgünn]
heute	í dag [i‿dah]
gestern	í gær [i‿gjair]
Sprechen Sie Deutsch / Englisch?	Talar þú þýsku / ensku? [talar‿θu θihskü / enskü]
Wie bitte?	Ha? [hah]
Ich verstehe nicht.	Ég skil ekki. [jäa skehl‿ähhgjeh]
Sagen Sie es bitte nochmals.	Viltu endurtaka það sem þú sagðir. [wehhldü ändürtahga θa‿ßäm θu ßagðehr]
Ja, bitte.	Já, takk. [jau tahhk]
Danke.	Takk. [tahhk]
Keine Ursache.	Ekkert að þakka. [ähhgjärt‿a θahhka]
was / wer / welcher	hvað / hver / hver [kwað / kwär / kwär]
wo / wohin	hvar / hvert [kwar / kwärt]
wie / wie viel	hvernig / hve mikið [kwärdneh / kwä mehkehð]
wann / wie lange	hvenær / hve lengi [kwänair / kwä lejngjeh]
Wie heißt das?	Hvað er þetta kallað? [kwað‿er‿θähhta kadlað]
Wo ist ...?	Hvar er ...? [kwar‿är]
Können Sie mir helfen?	Gætir þú hjálpað mér? [gjaideer‿θu hjaulbað‿mjär]
ja	já [jau]
nein	nei [nej]
Entschuldigen Sie.	Afsakið. [afßakjehð]
Das macht nichts.	Allt í lagi. [ahhlt‿i‿laijeh]

SHOPPING

Wo gibt es ...?	Hvar fæst ...? [kwar‿faist]
Wie viel kostet das?	Hvað kostar þetta? [kwað koßdar θähhta]
Das ist zu teuer.	Það er of dýrt. [θað‿är of dihrrt]
Das gefällt mir (nicht).	Mér finnst þetta (ekki) flott. [mjä‿fehnnst θähhta (ähhgjeh) flohht]
Gibt es das in einer anderen Farbe / Größe?	Er þetta til í öðrum lit / í annarri stærð? [är‿θähhta tehl i öðrüm leht / i anareh stairð]
Ich nehme es.	Ég tek þetta. [jäa‿täk θähhta]
Wo ist eine Bank?	Hvar finn ég banka? [kwar fehnn‿jäa baunka]
Haben Sie deutsche Zeitungen?	Eru til þýskt dagblöð? [ärü‿tehl θihsk dahblöö]

ESSEN UND TRINKEN

Die Speisekarte, bitte.	Gæti ég fengið matseðilinn? [gjaideh‿jäa fejnkjehð madßäðehlehnn]
Brot	brauð [bröið]
Kaffee / Tee	kaffi /te [kaffeh / täa]
mit Milch / Zucker	með mjólk / sykri [mä‿mjouhlk / ßehgreh]
Orangensaft	appelsínusafi [ahhbälßihnü·ßaweh]
Mehr Kaffee, bitte.	Gæti ég fengið meira kaffi, takk. [gjaideh‿jäa fejnkjehð mejra kaffee, tahhk]
Suppe	súpa [ßuba]
Fisch	fiskur [fehsgür]
Meeresfrüchte	sjávarréttir [ßjauwar·riähhdehr]
Fleisch / Geflügel	kjöt / fuglakjöt [kjöt / füßglakjöt]
Beilage	meðlæti [mäðlaideh]
vegetarische Gerichte	grænmetisréttir [grainmädehs·riähhdehr]
Eier	egg [ägg]
Salat	salat [ßallat]
Dessert	eftirréttur [äfdehr·riähhdür]
Obst	ávextir [auwäksdehr]
Eis	ís [iiß]
Wein	vín [wihn]
Bier	bjór / öl [bjour / öal]
Wasser	vatn [wahhdn]
Mineralwasser	sódavatn [ßouta·wahhdn]
Ich möchte bezahlen.	Gæti ég fengið að borga. [gjaideh‿jäa fejnkjehð‿að borga]

CHECKLISTE ISLAND

Nur da gewesen oder schon entdeckt?

☐ **BLICK ÜBER REYKJAVÍK**
Von Perlans Terrassen aus sieht man nicht nur über die Stadt, sondern kann auch ein Panorama der Nachbarorte und des Umlands bewundern. Besonders schön wirkt das im Lichterglanz bei Nacht. › S. 61

☐ **FISCH UND MEER**
Ein Fischgericht in einem der Gourmetrestaurants verrät einem, wie Fisch wirklich schmecken kann. › S. 47

☐ **HAUS DES NOBELPREISTRÄGERS**
Das weiße Haus Gljúfrasteinn in der hügeligen Landschaft atmet den Geist des Literaturnobelpreisträgers Halldór Laxness. › S. 64

☐ **BADEN IN HEISSEN QUELLEN**
Erholung, Vergnügen und vor allem: typisch isländisch. Die Bademöglichkeiten sind überall auf der Insel ungeheuer vielfältig. › S. 102

☐ **GLETSCHERVERGNÜGEN**
Mit dem Schneemobil auf dem Vatnajökull oder Snæfellsjökull herumzukurven ist ein Heidenspaß. › S. 13, 117

☐ **WASSERFALLRAUSCHEN**
Der Gullfoss mit seinen zwei Stufen, der hohe Skógafoss, der donnernde Dynjandi oder der Dettifoss – jeder Wasserfall ist ein Erlebnis. › S. 67, 126, 86, 105

☐ **WANDERN ÜBER BERG UND EIS**
Bei einer Zweitagestour, die zwischen den vulkanischen Gletschern Mýrdalsjökull und Eyjafjallajökull hindurchführt, kann man die Größe der isländischen Natur ganz unmittelbar erleben. › S. 13

💬 **MITBRINGSEL**

- **Isländischer Räucherlachs** schmeckt einfach anders. › S. 17
- **Wollmütze:** Von traditionell bis originell – für jeden Kopf gibt es eine Mütze aus der guten Islandwolle. › S. 17